弘願深如海

深水觀音禪寺開山祖師開良法師

釋悟觀 主編

卷頭語——凝心默照·流光如雲

誰肯深水觀音山中話岑寂！如能修得妙意根，六根絕紛擾，到處即深山，如今歸來雖已遲，始識隨緣好。

道人孤寂任棲遲，……驚濤拍岸明生滅，止水涵空示悟迷；萬象平沉心自照，波光常與月輪齊。水邊活計最天然，物外相忘事事便。

（天目中峯禪師水居詩）

下筆之時，忽然微風吹動了窗前桂花枝葉，宵分中有了奇妙的覺受，我，何事書此緣緣之緣文字，為什麼如今會在這樣的生命境況裏；原來與我的心念有什麼關係的？我還與天地之寬闊有關係否？如今我能否再行江海踏山川，尋師訪道為參禪。去走一遍吧！是否覓得有緣人可以再教給我更多的東西。妄想，想著那不知方向的遙遠，妄念，念念頓覺一切的渺小。

凝心禪訊：靜裏乾坤！乾坤寸腕前；啊！凝心默照，流光如雲。法華經者之柔伏其心，伏心守意，為克己去垢清淨之功，因此一大前提，或緣此大前提，而開啟世學之用；話雖如此須接乎佛心之旨，徹悟表裏，動靜調柔，亦俗亦真，真俗無殊，心伏矣，意守矣，這娑婆世界僅可至此境矣！鮮活燦爛的生活，要如朝陽，知秋月，此「行」之工夫，凝心禪獨坐矣！

〈獨坐〉

浮世吾身外，勞生逆旅中；誰能一隻眼，豁盡十方空。

碧海飛涼月，青林散曉風；胡牀箕踞坐，瀟灑意無窮。

（憨山老人《夢遊集》X73，792b）

「若人欲了知，三世一切佛；應觀法界性，一切唯心造。」知一切法，皆是自心，而無所著。知一切法，即心自性，成就慧身，不由他悟。知三界唯心，三世唯心，而了知其心無量無邊。知心佛亦爾，如佛眾生然，應知佛與心，體性皆無盡。

諸佛兩足尊，知法常無性，佛種從緣起，是故說一乘。是法住法位，世間相常住，於道場知已，導師方便說。

《華嚴經》、《法華經》是我日常性非日常性，默照於心田的法語，亦是報恩之參悟於坐禪前開靜後之行持。萬象平沉心自照，一念心是心的歸依。

緣緣之緣，適逢華梵大學曉雲恩師創校三十週年，深水觀音禪寺母親師父建寺四十五週年慶，善法因緣而編輯了《弘願深如海：深水觀音禪寺開山祖師開良法師》、《慈意妙大雲：深水觀音禪寺因緣錄》，及書寫《般若禪，如來使：心印曉雲導師、開良師父》思懷兩位拓土長者，華梵大學創辦人曉雲導師的深奧智慧、般若禪心中心、深水觀音開山祖師開良師父的安忍不動、常不輕菩薩風骨緣深，作為己之一生秉持佛教根本精神之梗概撮要。

創辦人曉雲導師是現任住持悟觀法師佛法的啟蒙師（上）。現任住持悟觀法師教導開山祖師開良法師寫字，母女情深（下）

於我來說，一位是佛法的啟蒙師；一位是身教的善導師，二位長者的年紀雖相差十八歲然其宗教情操，有著秉受如來使者的四弘誓願，之受職風骨，以慈修身善入佛慧；念念以大悲為首。

如是思懷猶如蓮花不著水，亦如日月不住空。修大悲色身常護眾生，念念以大悲為首，吾如今以影留照紙上，他們的生之旅如一微塵映世界，精神卻一瞬間含永遠於心印有緣人。佛觀世間如幻影。

在行持上兩位老人家繼承菩薩道的傳統精深思想與根本精神，在理念上反映〈法華經・方便品〉之人是尊貴的，以情存妙法為心的歸依，來體知佛慈悲心，觀照佛智慧，佛智空無所依，之無依處。所謂「佛自住大乘，如其所得法，定慧力莊嚴，以此度眾生。自證無上道，大乘平等法……故佛於十方，而獨無所畏。我以相嚴身，光明照世間，無量眾所尊，為說實相印。」之平等獨立無畏精神。及以〈華嚴經・如來出現品〉明如來心第十相，為理念，作為實踐教化眾生之依歸。所謂「如來以無障礙清淨智眼，普觀法界一切眾生而作是言：奇哉！奇哉！此諸眾生云何具有如來智慧，愚癡迷惑，不知不見？我當教以聖道，令其永離妄想執著，自於身中得見如來廣大智慧與佛無異」的理念，教化群萌，使眾生修習菩薩道，己心行般若禪令離妄想；行五種法師功德令離妄想已，證得佛無量智慧慈悲，與佛無異，利益安樂一切眾生，安僧護法。二位長者證得正念正覺，正念現前者，無念也，能觀無念，是為一念，可謂向佛智矣，真所謂直心正念之真如法性。

細細參思憨山老人《夢遊集》的一段話：「若證悟者，從自己心中樸實做將去，逼拶到水窮山盡處，忽然一念頓歇，徹了自心，如十字街頭見親爺一般，更無可疑。如人飲水，冷暖自知，亦不能吐露向人，此乃真參實悟。然後即以悟處融會心境，淨除現業流，識妄想情慮，皆鎔成一味真心。」

憨山大師謂此即真參實悟，證悟之生命況味也！也提點人，應時時刻刻不忘走向真理之路。如是耐人尋味之文字禪，「以悟處融會心境，淨除現業流，識妄想情慮，皆鎔成一味真心」，憨山老人真是一片金剛心，一言足垂千載。

如是深深義，道盡本無身心世界，亦無妄想情慮，即此一念，本自無生，現前種種境界，都是如夢幻虛妄不實。「淨除現業流識」為行者觀心之要務，最耐人尋味的「妄想情慮，皆鎔成一味真心」，當知味味一味「悟處融會心境」是般若禪行者之一大本領，法華經者之一番轉識成智工夫。而此工夫之得，仍是「淨除現業流識」為要務，因為淨化三業之功，而「現業」不起惡之因，如是八識田中生死流轉之塵勞所激起之一切塵識，則不易流入無明界，無漏智慧逐漸養成，漸而形成菩提淨妙心之根深蒂固，風動了根不搖，所以妄想情慮，雖未淨盡，但皆可鎔歸「一味真心」，味味一味至此境界，一念心是心的歸依，無妄之妄雖興，然一心三觀「即假即空」，再進一步，三諦圓融，不過是習氣前塵緣影之未散淨盡矣！至此加緊用力便可除去無明煩惱。味味一味，以心體如鏡，妄想攀緣影子，乃真心之塵垢耳，所以想相為塵，識情為垢。若妄念消融於一味真心，本體自現。譬如磨鏡，垢淨明現，法如法爾，法爾如是。

此段修悟的開示，憨山老人所言修者，只是隨順自心，淨除妄想習氣影子，於此用力故謂之修。若一念妄想頓歇，徹見自心，大光明藏，清淨本然，了無一物，名之曰悟。是知憨山老人教行者，至於塵不礙空，空不染塵，行者起大用之功，首在需要「從自己心中樸實做將去」，經過一番番磨練調整，「忽然一念頓歇，徹了自心，如十字街頭見親爺一般，更無了疑」，故無有思慮粘想，則識流不入無明浪裏，皆照如來常寂光中。

百鳥不來山寂寂，萬松長在碧沉沉；分明空劫那邊事，一道神光自古今。
競利奔名何足誇，清閒獨許野僧家；心田不長無明草，覺苑長開智慧華。
黃土坡邊多蕨笋，青苔地上少塵沙；我年三十餘來此，幾度晴窗映落霞。

（石屋禪師山居詩 X70，666c）

母親師父的佛法觀「正知得正覺」，勸人不可迷信而步入迷迷不悟之途。因此感恩自幼母親師父給了佛子我一個安和的生長環境，在安詳之慧的佛教家庭日日成長裏，觀見一位安忍不動的修行者，如何一面照顧我們五位姊弟、一面救護有緣眾生；簡約的說：總之一九七九年我第一次讀誦八十一卷《華嚴經》至十忍品的內容時，深受感動，心映母親師父所修的十忍境界，這些事蹟在本一書略約粗略提及，可說是母親師父在日常生活所顯現的一種度生工夫，幾乎是斷了微細無明，了知諸法寂然常無性，之時的安忍安住心，而不為身邊的人事物所迷惑，如是身教，我默默觀之照了，她教我如何發現自己的本心見到自己的本性。讀過〈華嚴經・十忍品〉、〈法華經・常不輕菩薩品〉，恍然有所悟，菩薩道的生命哲學，首在明心見性，菩薩之所以難忍能忍，正因體解大道發無上心，於世間利、衰、毀、譽、稱、譏、苦、樂等事象，於己心能安忍不動。

母親師父的因緣，己之善根福德因緣，佛子自十九歲親近曉雲導師以來，聽聞恩師宣講《小止觀》、《釋禪波羅蜜》、《教觀綱宗》、《法華經》等天台教觀與止觀之菩薩法，尤其般若禪苑恭聽老人家闡釋「一念三千」深深意，深心體會「教觀相資入實相門」之修學樞機。一九八五年日本留學期間十一個深趣佛理的歲月，遊心法界於法華思想精神，以及智者大師著作《釋禪波羅蜜》、《法華玄義》、《觀音玄義》、《摩訶止觀》等之菩薩發心所為，正求菩提淨妙之法的止觀研心。

歲月在披經研悟、入佛智海、滴潤心田裏，從而確定學佛的甚深處，立腳於智者大師精湛的最勝妙法之思惟架構，一念三千、三千一念無量門，一心三觀、三諦圓融猶如大海深無底，隨其日常所樂，於己心令得聞妙聲柔軟清淨法音，承佛無上大悲智，度脫五陰五蓋三障所覆之愚癡煩惱海，個中消息別言詮。

止觀研心善巧安住菩提心的實踐生活方式，日日漸漸淨化三毒貪瞋恚心，在課業繁忙的日子裏，身心腦力如一部負重的車，吃力地輾轉，時而反聞車輪發出呻吟聲時的心境，總能給己心體解佛法之方向，有了閒居偷閒的工夫。

時而自問自省，母親師父為安僧護法：一方面創建深水觀音禪寺、一方面培育自己出國留學，實是為令自初中痛失父愛的我，能有一安身立命之處，老人家選擇了不為自己求安樂但願悟觀離諸難處。適時與唯佛清淨慧眼法眼佛眼，能照見如來出世甚難值，而發四弘誓願之菩提淨妙。

如是之信念深植，自幼少於愁心淒苦之念的我，童真念裏幾不知天地間有所謂春秋歲月，只知文字的點綴醉心文學，自十九歲接觸佛法，親近恩師的智慧，母親師父的慈悲，但妙悟文字之心中心，由「般若禪」之流匯入「法華經者如來使」，自此漸漸悟入菩提淨妙、生死齊平菩提淨明鏡、真善妙色之境地。

所謂「智自在、慧境界」的生命況味，茫茫人海中於法海偷閒之受用，啊！幾人偷得出止觀研心法！幾人精進悟得唯佛與佛，之生命真實義！

一九九六年回國以後，因為任教華梵大學及助理編輯曉雲導師的《流光集叢書》，並參研己心中所行門，於佛法有了更饒益安隱，常令己心安住廣樂，得無上法的機宜。善知流光如雲，如法音遠震，善知一切眾生心行應以禪訊調伏，方能於世出世法一切悉都無所罣礙。

如是以智自在普照慧境界，不難參悟與佛同一法性，如是覺慧之廣大甚深智境，靡不深達吾人學佛者之罪福相。在住於一地裏，更深達「唯佛與佛乃能究盡諸法實相」，得普攝一切諸地功德，得一切佛所共之法，得具足佛深廣秘要之藏。如是習得，般若禪如來使五種法師，之寶玲千萬億風動出妙音，之妙意根。方能發得四弘誓願，自以己身，奉給諸佛菩薩，為法華經者、如來使者，善入一切諸法之海，迴轉總持佛一切功德法海，法喜充遍身。

憶及一九九七年，有幸，得以先恭讀為快之機緣，一連拜讀曉雲恩師三本禪法原稿；《佛禪之源》、《禪思》、《禪話》並參與編輯工作。尤以《佛禪之源》一書中，二十八日間每天少少睡眠，在蓮園圖書室集中心力，編輯、細讀六十幾講的文稿共九萬餘字。各講文稿多次校訂、編理五個專題內容，刪增文字資料，將各講文稿補其血肉不足之處。《佛禪之源》的五個專題中，第三「西來祖意二入四行」、第五「佛禪蛻變後之省思般若禪」兩個專題中，則因文稿內容不多，靜後思惟，再次閱讀恩師有關禪學的書稿，於中擷取導師著作文稿中之相關資料，融入兩個專題中，使《佛禪之源》五個專題的內容得以補足，使《佛禪之源》初講與結集出書的過程有一圓滿的成就。

編輯完成後腦海裏縈繞著恩師的治學理念脈絡，及止觀實踐之學，緣此，終於體解了恩師提倡《佛祖統記》所闡釋的文字經藏禪、般若禪佛心宗之要義。《佛禪之源》在學術的探究上得知，中國禪觀之發展，乃由般若思想所演化開展之禪心，即佛心宗源悲智雙運之正法。實是三世諸佛所得法，教化眾生難思議。

午夜無雲月一天，飛來花氣暗香浮，悟機緣，緣遇之機。欲歇筆之際，嘆人生幾何，環視此孤獨的自己，曉雲恩師、開良母親師父、淨心師父、村中祐生教授、多田孝正教授，均如西山落日，高登西方常寂樂都了。浮光瞬息，此刻特別覺得自悲自憐，實非筆墨之可形容於萬一也！學佛四十七載以來，所為何學、何悟、何境，佛前禮拜誦經痛哭心腸不知幾回矣！而今唯一希望早日修得法華經者菩提淨明鏡，之妙心境，普賢菩薩十大願之恆順眾生，大悲色身常護眾生，有助於報恩之思。

感恩曉雲導師啟蒙，恩師的學佛理念觀念、母親師父身教的柔和忍辱善順之心、淨心師父剃度恩澤、村中祐生教授灌輸我摩訶止觀精隨、多田孝正教授指導我學問學術的研究方法。往事搖落心為筆，至此！明月清光入洗心室，感知照我顏色舒！浮現自身日夜佛前跏趺坐影，細細觀照己心微細惑，之緣影，啊！了知世間一切皆是幻化緣，當一超濁世緣。少志學佛法，十九歲親近曉雲恩師，二十九歲志遠日本遊心法界，學習十一載歸國，被華梵大學創辦人曉雲恩師善用至今，於今住深水觀音禪寺山中，倏忽掠過四十五年。此生雖忽被業風吹入幻海，六十五年了，而此一念心是心的歸依，未離寒巖冰雪娑婆世界裏的念念中也，乃為此三書以紀之，幻化塵中不幻身，法華經者善用其心，萬象平沉心自照。

記憶猶新的心跡，「法華經者善用其心」的印心，二十八歲步出三壇大戒、戒壇的當日，去恩師處謝戒，恩師持贈「覺之教育」一書時，為我開示「出家」的廣義，我當下對自己說：法華經者善用其心。

老人家的詮釋，我的理解，出家，是香風吹萎華更雨新好者，是出了三界火宅，正是遊心佛菩薩悲智家當之時，亦是寶鈴千萬億風動出妙音。是心的敬信虔誠，使己之思想超然，精神勇銳之時，在純潔簡約生活裏淨化三業。如是深觀念處是安住安坐出家身心道場，方能深達罪福相，止觀研心，出家的功德令佛子步步刻刻止觀現前矣。「獲妙道力鄰上尊，一切功德皆成就。」（〈華嚴經・明法品〉）

因此在日本期間研究《摩訶止觀》「破法遍」時，法寶潤枯腸，慰怖交感，對貪恚癡心「心起三毒即名眾生」之釋義，「一心三觀」、「五品弟子位」之功，深深體解。一心三觀、三諦圓融之妙意妙心境，是眾生開佛知見，得「法師功德品」之六根清淨、妙意根，亦是入五品弟子位之功。

三諦不同而秖一念。如生住滅異秖一剎那。三觀三智三止三眼。例則可知。如是觀者。則是眾生開佛知見。言眾生者。貪恚癡心皆計有我我即眾生。我逐心起。心起三毒即名眾生。此心起時即空即假即中。隨心起念止觀具足。觀名佛知止名佛見。於念念中止觀現前。即是眾生開佛知見。此觀成就名初隨喜品。讀誦扶助此觀轉明。成第二品。如行而說資心轉明。成第三品。兼行六度功德轉深。成第四品。具行六度事理無減。成第五品。第五品轉入六根清淨。名相似位。故法華云。雖未得無漏而其意根清淨若此。從相似位進入銅輪。破無明得無生忍。

（《摩訶止觀》「破法遍」T46，85a）

後夜孤鐘散曙，深水觀音禪寺一片穆靜，三門鎮靖，晚雲欲曙，是自然性，亦是道場之大自在，是母親師父，貢獻豐碩的身心力量，為佛教教化而工作所建造的道場。讓「法華經者善用其心」於深水觀音山中，從自在中生內力精進，之妙觀察智，此時現前「觀自在菩薩行深般若」菩薩照見五蘊空，之般若心中心；菩薩「慈意妙大雲」的精進無量；「弘願深如海」悲德無量，願力無量；使佛子吾等發乎自然性之超然，而達到「慈悲喜捨」一境之地，然而心念只留步於「自然」，一切自然之佛門，平等性，無畏性，教化義，無障無礙義，如是雖眾而一以之歸納，繁而簡之「法住法位」，「諸法常無性」，之空相實相義，天台一念三千，之「三德秘藏」，華嚴三觀法門，之「事理無礙，事事無礙」。是一簡約法門，「心空」超事相悟空，而法華經方便品「平等、獨立、無畏」之精神，無礙無著顯矣！因無畏，而自在，因自然性，而天真一味，一味真心。感恩生我育我的親娘開良法師深水觀音禪寺開山祖師。

夫法界圓融像無所像。真如清淨化無所化。雖像無所像無所而不像。化無所化無所而不化。故無在無不在化應九道之身。處有不永寂入不二之旨。是以三業致請蒙脫苦涯。四弘為誓使霑上樂。故娑婆世界受無畏之名。……

言觀世音。能所圓融有無兼暢。照窮正性察其本末故稱觀也。世音者是所觀之境也。萬像流動隔別不同。類音殊唱俱蒙離苦。菩薩弘慈一時普救。皆令解脫故曰觀世音。

（《觀音玄義》隋天台智者大師說．門人灌頂記 T34，877a）

願，但願！善法因緣而編輯了《弘願深如海：深水觀音禪寺開山祖師開良師父》、《慈意妙大雲：深水觀音禪寺因緣錄》，及書寫《般若禪，如來使：心印曉雲導師、開良師父》一書的出版，讀者能知兩位拓土長者，華梵大學創辦人曉雲導師的深奧智慧、般若禪心中心、深水觀音開山祖師開良師父的安忍不動、常不輕菩薩風骨緣深。以為參究，見賢思齊發長遠心道心。

筆者如是解如是思，兩位拓土長者之慈悲智慧，願有緣人參思細參思！感恩今年適逢華梵大學曉雲恩師創校三十週年，深水觀音禪寺母親師父建寺四十五週年慶。緣緣之緣，事事層層相生，環環相扣之思，成就了想了多年的心願，雖未盡完善不盡人意，總算是了半個心願。編校或有未周，在所難免，望先進讀者大德賢達，不吝指正，是所至盼。

佛子悟觀於深水觀音禪寺洗心室

歲次庚子年護法韋馱菩薩聖誕日（二〇九年七月二十三日）

刪增於立秋父親節暨觀世音菩薩成道紀念日

目錄

第二輯

觀音深水起妙覺 原來美好一直都在

序言——靜聽心月孤圓——尋味在消息的啟示處

方外女　釋悟觀

菴近恒河水，僧衣舍衛城；
經聲和人語，總是說無生。
（憨山老人《夢遊集》「華嚴菴」X73，800c）

因為要寫三書序文，盡觀此書反覆詳味，味味其法味，想想自己還是多言語了幾許，因為要明二位長者悲智之化事，所以繫其道統而書寫之，冀望相契如來一代教化之意旨。

欲書寫母親師父建寺生之旅，總會思惟至不識字的母親，以無私之心，自悲己悲發真正菩提心，一面建寺一面長期護持曉雲恩師辦教育，之因緣，她老人家將曉雲恩師視為人間菩薩般的敬重護持。實乃慧眼觀知世間佛教事業之真實相貌，亦是吾師華梵大學創辦人曉雲恩師有慧眼力，明於佛法之真藥；有法眼力，識於眾生之病之障；藝術哲學教育佛法集於一身的恩師，有化道之力，應眾生之病教授法藥令得服行。如是因緣華開結果，讓身為方外女、法子的我，需書寫親切的教育所激法的善法因緣。則知今年三書之出版之言，皆陽擠陰助之意也。

《法華經》：「諸法寂滅相，不可以言宣。」《大經》亦云：「生生不可說，乃至不生不生亦不可說。」一代聖教尚不可說，因四悉壇而有說法因緣，怎會有三書之《弘願深如海》之言說書寫，實是感應道交、因緣生法之所以然也。釋迦初為陶師緣遇之機，時值昔釋迦佛發願，從是以來始發菩薩心願，乃是行人所求菩提名為法，深厭苦集，欣求滅道；遂起慈悲心發四弘誓願，度一切有情眾生，修行六度行，如是善巧安心以般若禪法華禪安於法性。上深達不思議境智微密，若無行填願行之止觀，無以體知無明癡惑本是法性；以癡迷故法性變作無明，還源反本法界俱寂。如是行願相扶，拔苦與樂，六度波羅蜜邐池淺深皆從心出。是以望心為禪，望口為教；文字之幽微難見，佛法太高、眾生法太廣、心法深有所以；玄玄義者實是感應道交之所體解也。《弘願深如海》願深則悲切，悲切則行法安樂，身口意誓願安樂行，這娑婆世界僅菩薩心可至此境矣！禪定鮮活的生活，如朝陽，知秋月，此「行」之工夫，唯持慈悲心意者讀之感之，凝心禪獨坐通明之矣！

洗心室燈前為《弘願深如海》，再補找一些母親師父開山建寺的老照片。卻也看到自己以往整理的影像，雖舊時行履，亦不外前塵影事。人生是創造有意義的藝術，可也是夢，夢醒伊人識心君。憶昔撫今凝攝觀照，真是回頭轉腦，熏修極熏修，純淨極純淨，每一階段均能得一切法甚微細智。大道之見，三千大千世界，不外乎「一切唯心造」。世界之現，即眾生心識所現！

一切唯心造，「能除一切苦真實不虛」。觀照於天未曙，於初靜的時分裏，自愛亦復如是的自珍重，驚覺原來已然好幾年，不再能悠閒地欣賞整理園中三草二木了。這如夢似幻的晨朝，一呼一吸之間覺受清甜的空氣，瀰漫全身、心，穿梭在「能除一

開山祖師開良法師陪同華梵大學創辦人曉雲導師來看現任住持悟觀法師洗心室（上，照片由悟觀法師拍攝所以沒有入鏡）。曉雲導師與悟觀法師討論《禪思》（下）

切苦，真實不虛」。覺得身心受大自然生命的撫觸，增益身力似菩薩以無相妙慧，讓己心乘禪定舟航，從日常憂煩的生死此岸，度向清涼涅槃彼岸。感受著菩薩大悲為眾生，遍修一切事行滿足。

菩薩因禪定能究竟人世間眾事，可知禪在菩薩心中，悉有幽遠之義，度無極。感恩學佛；敬信佛法。以己念頭安撫己心，是因為禪觀思想精神，在自己思惟的脈動裏，鮮活吟唱跳動著生命的意義。我把自己真實不虛昇華的慧命誓願，映照在母親師父無量無邊的慈愛裏，這樣的回應，是我對您至尊的敬拜讚美，感恩母親師父您的養育培育之恩。

母親師父離開之後，我不知道從何時開始的久遠以前起始，您的誓願行就時常走近來我的思惟裏，與我的心君會面。你曾經的愛語慈言化作太陽和星辰月亮，永遠不會隱藏您菩薩性的慈愛，使我的感恩之情朗朗吟唱「南無大慈大悲救苦救難廣大靈感觀世音菩薩」。母親是觀世音菩薩，是如來使者。

許多個清晨和黃昏，默坐您開山的深水觀音禪寺祖堂，我的心聽見你的足音，你的如來使者，遙喚我心深底處的「無無明盡，能除一切苦真實不虛」的真言語，貫穿了我的心靈，感覺到空氣中有香華蓋菩薩性的光臨，是您生生世世誓願建寺利益有情的微微之香。

因為感恩，時刻觀照當勤習入正定聚，以報佛恩母恩眾生恩，《華嚴經》所謂「勤修善根供養」，乃須具足法華經者的成就四法（一者為諸佛護念，二者植眾德本，三者入正定聚，四者發救護一切眾生之心），而得《法華經》的諸佛護念，此是最完善的善根福德因緣。有情眾生以此作為報答親恩的所作皆辦。

我期望有一絲生機盎然鼓舞的消息，常住心身。如天河之不息，似孤月，以常輪古今。雲開月現，「月」被雲遮與為遮，月仍是月亮，體相用三大具足，是天台性具之說，實具體而微妙。母親師父生死齊平，無量壽光，普照大千，甘露法雨濟群萌，隨處淨三業，生死齊平，菩提淨明鏡。

〈法華經．法師功德品〉明示如來使法華經者之六根清淨，父母所生清淨常眼。父母所生是肉眼，何以能成為清淨常眼，原來「眾生起菩薩心，……正念思惟一實境界」。一實境界，是菩薩念眾生苦，慈悲無量，福德因緣自然成就。又「普賢勸發品」：植眾德本，為諸佛護念，入正定聚，發救一切眾生之心，是如來使所得四法要，從此四法要得知，原來悲智妙慧，如鳥之雙翼，相輔相成，之大心大願，大心感悟到大生命的同體。菩薩心對生命一體同觀，吾人則對宇宙人生茫然，生來死去，茫茫人海，如「一片孤舟，飄泊在海中央」！因母親師父的示教利喜，每年到了母親節，更深厚的觸動，山不高天不遠，因為我們永遠被母親捧得比山還高，所以母親的恩，恩重如山丘。佛陀是人間至尊智慧者，慈悲的慧心巧妙地，清除我們的困惑和無知；母親師父是如來使引導我開啟「敬信」之門，進入本師釋迦文佛智慧的秘要之藏。

慈母師父曾經的話語，在已心中已然轉化為法光垂語的音聲，喚醒了我生命終極關懷的真理，釋迦文佛的智慧慈悲，禪悅法喜和寧靜喜悅的源泉。人生中的緣遇，似乎已然無須特別的去思索，或許我們早在千多年前即已相遇，母親師父仁慈的手是天心的聲音。人生到底是怎麼一回事，誰知道呢？直至現在，我們大家仍然為那些問題，而共同思索共同學習。感恩母親師父的緣緣之緣。您的離開我移情作用的影物，讓我精湛的思索，攝影心眼是我們手中的畫筆，是人的一種「智力」，生命歲月的塵影，有著內中明燈記取感恩，然心燈點亮心燈，呼吸著鮮活的空氣。

淨洗濃妝為阿誰，子規聲裏勸人歸，
百花落盡啼無盡，更向亂峰深處啼。
（洞山禪師）

思之，藥山禪師之高高山頂立，深深海底行，而不驚群動眾。高高山頂立的智慧，洞徹世情的冷峻目光，深深海底行的慈悲願力，方是如來使於生之旅的足跡，吾謹記教訓。

七月十一日出版社有鹿文化回傳文稿，忽然我尋味在母親師父消息的啟示處。自此一別已然不再見，實是難得相見，說沒了就是沒了。觀見的照見的，自性本來實相無相，人人都是，難得不相見。「流水本有源，但相逢不相識」。

生死不流轉，流轉非生死；
若實不流轉，生死無窮已。
諦觀流轉性，流轉當下止；
不見流轉心，是真出生死。
（憨山老人《夢遊集》「六詠詩生死」X73，787c）

雪裏梅花初放，暗香深夜飛來。
正對寒燈獨坐，忽將鼻孔衝開。
（憨山老人《夢遊集》X73，801a）

於是一個晚上，一氣呵成修潤了《弘願深如海》的我，還能說什麼呢！一向不是那麼精進工作的我，並沒有恰到好處的編寫，而感如是之不盡心。

開山祖師開良法師、現任住持悟觀法師與吳道子畫觀音合影

文字貴在性情而後歸真返璞，全文未能完全說服占據我底思索思想欲編寫之初意。母親師父一生的行迹，我們不能說是從回憶講述之紀錄文字，可得其母親師父生命之精隨的東西。那是另有來源的一種不可思議之助力，及其願力的究旨性源；佛性凡心互融而不損，之不垢不淨，之生命體的活現。我說母親師父是芥子納須彌的身軀，是大如微塵無可言說的精神。筆尖無從點出一生、生命遍照光輝皎潔的默照，唯親近者低低地沉吟；默默地涵韵，在《弘願深如海》裏歷境驗心，方可似真的發現了，什麼是生活的秘要之藏。

本書的編寫完成，但付出真心，誠竭相待生命之性具染淨善惡，自可根尋，味味一味之生活禪味，是建寺融融有道，動止安祥，離言詮絕浮思，近於止觀研心之生命況味，雖是不識字的僧家，其建寺之功，豈是多言能了知，唯且看且觀後，端端坐，靜默參照文字內，之靜裏乾坤。

世界光如水月，身心皎若琉璃；
但見冰消澗底，不知春上花枝。

門外青山朵朵，窗前黃葉蕭蕭；
獨坐了無言說，回看妄想全消。
（憨山老人《夢遊集》X73，801c）

一位修行者一生以護生建寺為己任，自然有非常大的信心勇氣正視人生，在生之旅的行程悲壯中，她選擇無言沉默，豐碩的法雨信念讓她在生死裏，觀自在地往來，不疾不徐掌握日常人事物來去的氣氛節奏，所以也不疾不徐地生，不疾不徐地死，念頭的往來生死間，時而坐忘心齋，顯出一片寧靜的生命況味，在生活的片段。

母親師父至生命最後一瞬間，暢響真善美渾然一體，生死齊平，菩提淨明鏡，率真的佛菩薩性好像無聲的詩歌，醒覺於音聲舍利。如是揮灑「音聲舍利」之由「心籟」而機轉為神韻繽紛的「畫聲」世界。

不著跡底幽妙生命，瞬間反射返影在一呼一吸的顏容，母親師父他諦視自己一手描繪的這幅莊嚴的創作，將要進入尾聲收筆的剎那，她濃縮寫了一首遠近透視栩栩如生的空靈絕詩，自己撫弄著無弦之琴給己心聽聞的同時，也讓我觀聞了：以佛之心而為心；生命是離苦樂，物我無間，自體入微。

一念從來絕覆藏。通身不落是非場。
試看撒手輕拈出。始信阿師熱肚腸。
（憨山老人《夢遊集》「讀達觀大師末後偈」X73，803c）

「見無憂林，當願眾生，永離貪愛，不生憂怖。」（《華嚴經淨行品》）
清涼大師注解「處之、忘憂故」：見到無憂林、能忘憂怖。出家「永」遠「離」去「貪愛」，則生死之「憂怖」自息矣。人生中春天歲月的生命，是季節轉換中的過程，於內心心性是永恆的。

啊！甘苦誰知！春歸暑來，三伏日，木化石上苔痕跡幾層，山中華開蓮現，靜極心自開。誰會得，夜半細雨飄暗香，夏的訊息到了菡萏，翛然展顏，清虛靜中聽，開了，山中華開蓮現，隱隱微光中又華落蓮成。

佛子悟觀於深水觀音禪寺洗心室

歲次庚子年文殊師利菩薩聖誕日（二〇九年四月二十六日）

刪增於立秋（八月七日）父親節暨觀世音菩薩成道紀念日

前言——菩薩心腸無非色空一如

方外女　釋悟觀

悠悠天宇，生之有涯，歲月幾何；境無自相，由定由智顯發而安詳。《呻吟語》明朝呂坤，德重於才，對「安詳」二字有獨到精闢之解。處天下事，只消得「安詳」二字，雖兵貴神速，也須從此二字做起，然安詳，非遲緩之謂也，從容詳審，養奮發於凝定之中耳。如是從容考慮反覆思索，在安定之中培養和積蓄振作奮發的精神，乃母親師父給我一生的訓誡「安詳的智慧悲心」。萬古長空風月在。

從容的歲月痕跡，經過時空的淬鍊，幻化成有緣人的思懷，鑲嵌在感恩憶持者的心間，從記憶遙想一疊疊見聞的碎片，走至現今歷境驗心的完整事跡，悟於生活點滴，觀沁入於心田。

悲智轉明契法性，感應事蹟中妙不可言的悟境，艱辛事務裏生命況味的觀聞，如同聽了雨聲，妙與不妙，消息得得，人人可悟印、可觀機，這「聲」之前一句的聞性，也是「弘誓深如海，歷劫不思議……悲體戒雷震，慈意妙大雲；澍甘露法雨，滅除煩惱焰」的機宜。

這是在生命裏的佛法，能夠找出一個菩薩心腸無非色空一如的人生脈絡出來，對於菩薩悲智本懷，大慈與樂，大悲拔苦的精神，是以助無上心的妙智慧。所以慈悲精神裏，一定要有「教菩薩法」與「法華經的菩薩四安樂行」，《法華經》是為教菩薩法；「法」與「行」就是「信解品」中的一念信解，菩薩誓願感人的佛教事業，它來自為教菩薩法和行的禪觀；於庚子年今日之世，更須慈悲親切的修禪人，來救濟教化有緣人。

深邃的憶持，那「慈意妙大雲、慈眼視眾生」的四弘誓願者，普明照亮了這人世間的幽暗，照明你我之間，那開拓了善良，現前了如來使的菩薩性，令人似乎見著了佛人、人間菩薩的一幅圖畫。心慮虛豁，朦朧欲開時，當勤觀佛之一大事因緣「開示悟入」，是為用第一義以觀安心。

「深水觀音禪寺」是母親師父所開山，一生的建寺如道心求法，如用第一義以觀安心，宛如《華嚴經》所謂善財童子五十三參的菩提心，亦如《法華經》所謂願發救護一切眾生之心。守貞育靈菩薩道上的開山祖師，思之，完成弘願深如海的人生觀，之意義，之靈氣，之津梁，之妙行。

開山祖師上開下良母親師父，未出家前居住於高雄市橋頭區白樹里樸實的家庭，我們的老家是四合院的宅屋，百餘年的土角厝，至今仍保有建築時的風貌，只是年久失修有點坍塌，也算是歷史文物古蹟了。

母親師父成長在重男輕女的時代，幾乎沒機會讀書，還要工作，孝順的母親師父，當還是九歲的時候，就挑著肥皂、雜貨、衣物，四處販賣分擔家計，犧牲自己讓弟妹們上學受教育。

在當時如此艱辛環境下成長的母親上人秉性善良，到處做生意，即使遇到貧困，都會刻苦自己竭盡所能給予幫助和照顧。

直至三十歲開始學佛的上人還特別恭敬出家師父，時常發心供養，護持佛法廣結善緣，如大慈大悲救苦救難廣大靈感觀世音菩薩，聞聲救苦，救濟貧窮人或孤苦無依的老人。這般慈行善化己心，如是之善法因緣，造就了慈悲的母親上人往後出家以及開山創建「深水觀音禪寺」，廣度眾生的弘願——弘願深如海。

民國五十三年，開山上人母親師父三十三歲，因緣成熟，發心將我們的住家轉換為「觀音堂」，大廳佛殿內供奉準提菩薩及濟公菩薩，在庭院正前方大門入口處，造了一座六角形「觀音亭」，塑立一尊白色觀世音菩薩聖像，漸漸展開慈悲濟世、弘法利生、傳奇感人的生之旅。

母親師父開山上人在白樹村「觀音堂」的這段期間，以水缸盛水，如入禪室持誦大悲咒。有時整缸的水如同沸騰般滾動著，神奇的大悲咒水療癒了許多身患重病、苦難、精神異常的人。母親師父的四弘誓願之力，印證了這人世間只有一樣東西是大家都相同的，就是人人都有一顆心、一念心；心念裏都有一部《妙法蓮華經》。所以無

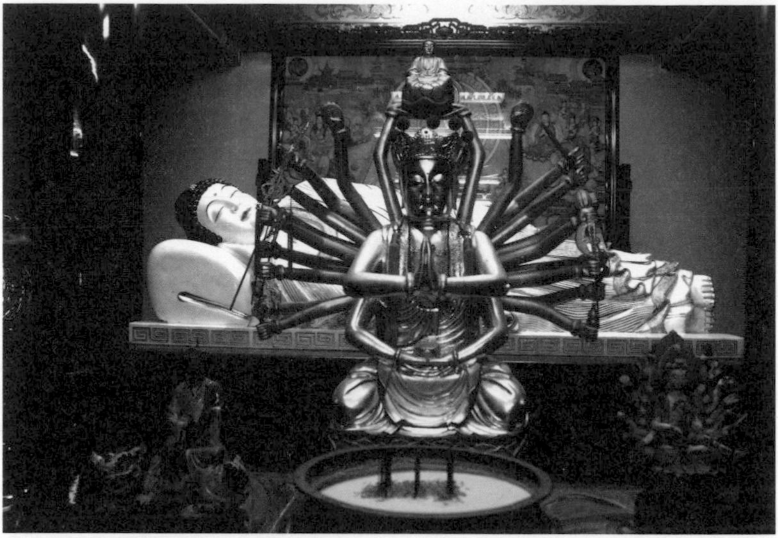

準提菩薩與觀音濟公護法，在白樹村老家「觀音堂」內，救護眾生的因緣而成就了今日「深水觀音禪寺」的弘願。這呈現了開山祖師的宿世因緣法味

論是學者專家、教育家、醫生世家、知名法律專家、政治專家、政府官員、民意代表或是販夫走卒、士農工商各行各業，許許多多的有緣人，在如來家不識字的母親師父，慈悲隨緣自在加持應機說法下，個個均能得到困頓的解套方法，有的人消災延壽病苦消除，有的人奮發向上脫離貧窮困苦，有的人改變生活態度家庭幸福和樂，有的人建立正確人生觀奉獻社會，有的人心開意解發心學佛。說台語的師父，讓說華語、客家語、各種語言，博士知識分子或不識字的老菩薩，都聽得懂師父她老人家的應機說法開示，真是如佛陀般的「一音演說，眾生隨類各得其解」。師父的慈悲智慧，讓每個見到母親師父的人都增添福報，都能走過生命的寒冬，迎向暖陽和風的春天。

母親師父和我，在家庭裏是母女，在修行上是同參道友，各自的優缺點，喜歡的互相觀照，不喜歡的互相檢討；互相影響、互相扶持、互相成就。初中時期住在自家的觀音堂，幾乎每個深夜醒來，總是會朦朦朧朧地看到一個打坐的身影，起身坐定看清，原來是母親，又在半夜如入禪室，持大悲咒水救濟群萌。這種超乎尋常人的善行義舉聲名遠播，從白樹村社區遍及大高雄及岡山、台南地區，親近的、求助的人日益眾多。開山師父並未被世俗的名聞利養所迷惑，反而更堅定出家修行的決心。

民國六十三年，母親師父四十三歲，我十九歲，師父帶著我去陽明山永明寺，親近恩師華梵大學創辦人曉雲導師，這樣的因緣讓母親師父更堅決建寺的意念，想建造一間寺院讓我來管理修行；讓有緣人來共住學習。

民國六十四年，母親師父在今日高雄市燕巢區深水里深中路三號買下一片芒果木瓜園山坡地，與當時正在蓮華學佛園就讀的當家師父性賢法師及方外女我，攜手創建「深水觀音禪寺」。十年後民國七十四年，我和賢師父去日本讀書，民國八十五年回台，十一年期間雖然寒暑假回來幫忙建寺事宜，而賢師父七十九年提早回來協助，但是最艱辛的第一、二期工作幾乎是母親師父一人承擔下來，我只是幫她老人家設計第二、三期的室內裝潢選建材等工作。

在因緣具足下，整地築駁崁用了一年的時間，開山祖師於民國六十六年卸下家庭責任，放下世俗羈絆披剃出家，常住在這片山坡地臨時搭建的工寮，全心全力投注在建設佛寺的浩大工程中。

在興建深水觀音禪寺期間，開啟了另一段慈悲濟世弘法利生，屢屢示現不可思議感應的奇特生命歷程。

佛子悟觀於深水觀音禪寺洗心室

歲次庚子年文殊師利菩薩聖誕日（二〇九年四月二十六日）

第一輯

菩薩本懷・大慈與樂・大悲拔苦

開良祖師建寺見聞記

深水觀音禪寺住眾信眾簡述

善女人 徐力立 略錄粗稿

方外女 釋悟觀 增刪編定

白樹「觀音堂」的大悲咒水

白樹「觀音堂」開辦於民國五十三年，創辦人也是深水觀音禪寺的開山祖師上開下良師公，在白樹村觀音堂時期，信眾身體有大小病痛或患絕症的、身心受創或發生意外事故等，無論什麼疑難雜症，師公的大悲咒水幾乎都能應急救治。只不過求大悲咒水的人太多了，師公的大悲咒水要用大水缸裝才夠用，而師公持誦《大悲咒》時，水缸裏的水像沸騰一樣滾動，救人無數非常靈驗。

觀師父說過一個感人的故事，岡山前峰有一位老菩薩，病痛纏身臥床不起，他的兒子搬進新家後，就把自己的媽媽遺棄在破舊的隔壁老家。師公知道了以後，先到老菩薩家，幫臥床的她洗澡換洗衣服，用了好幾盆水擦洗了好幾回，才將沾染屎尿惡臭的全身清洗乾淨，再帶她回到觀音堂住下，每天慈悲為她誦持《大悲咒》回向、喝「大悲咒水」，並照料她的飲食起居長達一年直到康復，才請她兒子來接回他母親，並開導她兒子要孝養母親。她的兒子很感動，有這樣非親非故的人對母親無微不至地照顧，慚愧自己的不孝，聽從師公的話接回母親。師公救了老菩薩的命，也幫她救回了一個孝順兒子的慈心。

除了持誦大悲咒水跟大眾結緣以外，不時有人來觀音堂急事相求，請求師公幫忙消災解厄。不忍眾生有苦難的師公總是慈悲應允，延請法師到求助的人家裏辦佛事，常常一個人從採買物品到煮食，從擺放供品到小施食，一個人操辦所有大大小小的事情，雖備極辛勞仍盡心盡力不覺苦累。觀音堂裏的師公，就像觀世音菩薩一樣，大慈大悲尋聲救苦。

師公很懺悔沒讀書不識字，我們在找舊相片時，看到一張師父牽者師公的手，握著筆，一筆一畫善導師公寫字。啊！師父特別買書本教師公識字讀書。現在師父又栽培開山祖師師公的曾孫李宥陞小菩薩弟弟，師父說是個可塑的佛子，以心印心，燈火相傳，世代教育。

白樹觀音堂前面觀音亭滴水觀音菩薩

開山祖師開良法師與剃度恩師隆道老和尚，於白樹觀音堂梁皇法會結束後在滴水觀音菩薩前合影（左）。白樹觀音堂恭請淨心長老放焰口普渡眾生冥陽兩利法會（右）

買地建寺的緣起

民國六十四年，師公有了買地建寺的心願，隨著四處做生意隨緣看地。有一天，搭乘高雄客運要去旗山販賣東西，車子行經奧深水站（今為奧深水國小站），突然覺得此處綠意盎然且地理似曾相識，就提前下車詢問附近人家該處是否有土地出售？當地的人就介紹一塊地主求售許久的山坡地，就是現今「深水觀音禪寺」這一塊伽藍聖地，在當時只是一片芒果木瓜園的山坡地。師公一看驚喜不已，這一塊地，她在夢中曾經見過，寺前的小路兩旁還站滿天兵天將。原來護法菩薩正守護著這一塊叢林寶地，等著師公來開山建寺。曾經有一位大陸的長老也說：「師公有開山建寺的宿世因緣。」原來鼓山區元亨寺普妙長老也曾經來看過，但對這塊坡度落差極大，上下兩三層的芒果木瓜園山坡地是否能建有所疑慮。然而因緣就是這麼奇妙，深水觀音禪寺的開山祖師來了，龍天歡喜護法擁護，師公就決定在這塊寶地建寺修苦行。

師公當時手頭並無現款，於是回到觀音堂召集一個互助會，標了兩萬元來做為買地的訂金。兩甲半面積的山坡地，要價一百二十萬元，在當時是一筆很大的數目。即將簽約時，師公的小弟得知消息，極力反對但無效，於是催促在台北電信局上班的大弟回來勸阻。兄弟倆除了怕不識字的師公被騙以外，也怕身無積蓄的師公簽約以後，會付不出一百二十萬天文數字的購地款。無論兩位弟弟怎樣動之以情、說之以理，都說不動師公，她堅定信念，要蓋一座清淨莊嚴道場，寺院讓觀師父管理及修行；讓有緣人來共住學習修行。師公說：「再多的困苦難處都願意受，我信佛學佛就是要學菩薩心腸，幫助有緣人。」兩位弟弟只好幫師公監督，完成簽約儀式。

師公正式買下土地，獨立承擔開山建寺浩大工程和繁瑣雜事，還要為購地款及工程經費操煩，常常為了跑三點半奔走借貸，備嘗艱辛。所幸師公的悲心宏願感召護法龍天擁護，大慈大悲觀世音菩薩加持，才能有今日清淨莊嚴的深水觀音禪寺。

隆道老和尚主持深水觀音禪寺開工灑淨儀式（上）。每一個階段不為人知刻苦耐勞的慈悲當機立斷的智慧，就像伽藍菩薩擁護法王城為翰為屏梵剎永安寧，一片片的擋土牆連結成駁崁（下）

一九七六年深水觀音禪寺大殿正在施工大興土木（上）。開山祖師開良法師開山後山建寺整地（中）。開山祖師開良法師最初建寺的藍圖（下）

開山祖師開良法師一邊建寺，一邊監工，一邊煮中餐給工人吃，一邊還要幫忙施工

開山祖師開良法師俗家的弟弟林春吉帶領團隊，假期時間幫忙測量定位做功德（上）。開山祖師開良法師開山後山建寺（下）

艱辛的開山建寺

民國六十四年開始整地，築擋土牆駁崁，民國六十五年大雄寶殿正式動土開工興建，沒有多餘的經費可以請建築師設計，全由師公和土木包工工頭討論，按照師公口述的寺景興建。

師父說：「你們師公開山建寺動工興建之前，夢到整座佛寺的景象，師公就依照夢中的藍圖來興建，現在供奉在八正道亭的濟公菩薩，和師公的護法善財童子們，都是得力的工程師。」

師公當年蓋大雄寶殿時居中一站，拿著陪伴她老人家巡山監督工程的開山拐杖就地一指說：「就是這裏。」怪手挖下第一把土，延請龍泉寺隆道老和尚等幾位法師持咒誦經動土，大殿工程就在有時順利、有時不順利的狀況之下逐步進行。

不可思議的是這一指，正是這風水寶地的中心點，從高空俯視深大殿座落，一衣輕盈引帶入囊，是個蓄氣的山凹，順坡而立。地形就像一個人四平八穩地坐在太師椅上，後有靠背山，前有文案山，左右有扶手鐘鼓山，遠處正右方有金星山；省道二十二號十公里處，禪寺的歡迎門就有溪流流經蓮池海會前，直到左邊的扶手鼓山。多年之後，懂得地理堪輿的人士都覺得超乎尋常，拿羅盤來測也不一定能把大殿測得這麼準確。

工程開工之後，雇工買料、為工人煮飯等大大小小繁雜瑣碎的事情，以及龐大的建築經費，都讓師公非常操勞憂心，也正是開良師公艱辛困難修菩薩苦行的開始。

住工寮一天一碗麵線、一鍋青草茶

聽觀師父說，師公在右翼扶手鐘山就近築一間簡陋的工寮居住，在溪邊洗衣服，刻苦耐勞地過著原始生活。她將心力投注在建築工程當中，在巡山監工、購買材料、協助土木工作、為工人煮飯（讓工人吃一餐素食，有百日的福氣）等等之餘，有時也奮不顧身協助工人「做土水」。此外，還要操煩建築經費，常常忙得吃不下飯，隨便煮一碗麵線吃三餐，外加一鍋青草茶，就這麼過了一天。日日過著這樣的生活，法味潤心肺腸胃。師公說：「那是一鍋救命的青草茶，消暑解渴退肝火，讓自己被太陽曬成黑炭之餘，依然有體力精神在炎熱的日頭下工作。」

當時在台北陽明山永明寺蓮華學佛園讀書的悟觀師父、性賢師父，實在不放心師公一人獨自住在荒山野地，後來賢師父就請同參道友宏果法師來和師公同住，彼此有個照應，也可以幫忙煮飯給工人吃。直到民國六十七年，現在供奉黑觀世音菩薩的三層樓房，和之後的東廂房陸續建築完成後，師公才搬進一個有衛浴設備、生活機能比較好一點的居住環境。

觀師父說，建寺時，建材需求難以計數，裝潢寺務所的蔡皆通先生，進口了四貨櫃的木材，很多年了總是賣不出，於是詢問師公是否有使用需求？希望師公能買下三個貨櫃的木料。師公說，好吧！我們家年輕人（指的是觀師父）希望盡量用木材建築。就這樣大殿、圓通寶殿、八正道亭、東西廂房等，全寺的大門窗戶、地板、櫥櫃等等都是用木料裝潢。真正的故事在後頭，三個貨櫃的木料貨款，師公開了三十六張的支票分三年支付。石材用料也是一樣，大殿、拜亭、前殿等等地板都是採用堅固耐用的大理石，賣石材的王水龍老闆也很護持，沒有催討石材貨款，請師公慢慢付款沒關係，有錢的時候再付就好，歷經十年才全數付清款項。師公的德行和開山建寺的苦行，感召許多善緣來擁護。

師公如此不畏勞苦地為籌建一座禪寺而花了半生歲月，雖然有諸多的阻撓干擾，卻一一都被師公的菩薩弘願給克服，念念相續來完成利益眾生的心願，實因對菩薩的忠貞信念不疑。觀師父說像這樣的例子，舉都舉不完的，我們想想：師公是一位不識字的女眾，要建設二十幾年才能完成一座氣勢恢宏的道場，若不是有著弘深廣大的慈悲與智慧心，實非一般人所能竟成如此大業。

差點掉落溪中的大雨夜

入秋時節天氣多變，南部地區多雨水，師公擔心雨季中的工程安全，常常早晚巡視好幾次，監督維護工程品質。

觀師父聽師公說，有天三更半夜突然傾盆大雨，師公獨自一個人摸黑冒雨到山上巡視山坡水溝有通暢否，準備剷除淤泥，開出一條水路讓雨水可以宣洩，避免才做好的水溝，在大雨沖刷下、積水的影響下而坍塌。當下她只顧一步一步順著水溝專心地往前鏟土，直到水路開通，積水暢流到溪裏才收工。隔天天亮後師公再去查看，在泥寧裏發現自己最後的腳印，真是驚險萬分，原來昨夜大雨裏已經鏟土到溪邊了，只要再踏出一步師公就會掉落溪裏，被大水沖走了！冥冥之中護法擁護菩薩的加持，讓師公安然無事。師公為利益更多眾生而費盡思量建築一座安穩的禪寺，一心精進佛法修行，善心與佛心相應，我們相信這就是感應得到龍天護法的護佑與支持，而不會受到一切擾害的最佳事證。

不可能兌現的支票

開山建寺初期時常經費短缺，是師公最大的煩惱。住在虎尾的王安順議員夫人王廖淑完居士拿了一張三十萬元的支票、現金十萬來給師公，她表示夢見師公需要她的幫忙，於是擲筊問是不是要幫忙建寺。當時她投資一家飲料公司不幸倒閉，公司就以一些支票來抵償，但是每張支票都跳票，沒有一張可以兌現。她對師公說，手上這張是最後一張支票，若是能兌現，這三十萬就給師公建寺用。觀師父說，當時師公接過這張支票時心裏想：「阿彌陀佛喔！伊攏領無啊，我盍會領有？」師公收了這張支票後，誦持大悲咒祈請觀世音菩薩加持之下，這張不可能兌現的支票居然兌現了，真是唯一能兌現的一張支票。

大護法王議員安順居士率領七位結拜兄弟參加深水觀音禪寺祈福消災法會留影（上）。王議員賢伉儷參加觀音堂梁皇法會圓滿瑜伽口

菩薩化緣助度難關

師公買地的一百二十萬已經是一大筆負擔了，後續的建築經費更是龐大，常常為了追錢跑三點半而煩惱。每當操煩明天要付的工程款或工人的工資不知在哪裏的時候，持誦大悲咒隔天真的就會有人帶著善款來拜訪，這種不可思議的事一再發生，是大慈大悲觀世音菩薩化緣，幫助師公度過難關。堅定信念一心一意要完成開山使命的師公，每每遇到困難的時候，都會虔誠持誦大悲咒，祈求南無大慈大悲菩薩加持，感應道交不可思議。

有一次，師公要付的工程款支票明天就到期了，但是錢還沒著落。正在煩惱之時，環球水泥公司屏東分公司的陳總經理前來布施，捐了五十萬元，這一大筆善款正好解決了師公的燃眉之急。

還有遠從台北坐飛機來的、用報紙包錢來的、兒女載他們來的或自己坐客運來的等等，好多人都說是夢見懺悔堂的黑觀世音菩薩要他們來發心護持建寺。像這樣受黑觀世音菩薩指示來布施的，為數眾多不勝枚舉。真是南無大慈大悲觀世音菩薩現身化緣，擁護師公開山建寺。

黑觀世音菩薩，為建寺之攝化主

現在安座在三樓懺悔堂的黑觀世音菩薩聖像，是住持師父悟觀法師，聘請聞名海內外的藝術家孫超先生，於民國六十六年所雕塑。住持悟觀師父說，由於黑觀音菩薩的感應道交，參禮皈依者絡繹不絕，為建寺之攝化主。

深水觀音禪寺建寺攝化主黑觀音菩薩（上）。開山祖師開良法師常在
深水觀音禪寺的建寺攝化主座下靜坐持大悲咒及唵嘛呢叭彌吽（下）

名藝術家孫超先生與他的經典作品黑觀音菩薩（上）。孫超先生拜訪深水觀音禪寺與住持悟觀法師（下）

慈善濟貧普施教化

開山建寺初期，村里很多貧戶生活困苦，師公時常在禪寺發放白米、生活物資救濟，並給予關懷及施以機會教育，開導鼓勵他們要努力工作脫離貧窮，這些貧戶感受師公的關懷和祝福，都發奮圖強認真打拚，一段時間過後貧戶也慢慢減少，這樣慈悲的善行義舉溫暖人心。

直到今日，住持觀師父都會在農曆過年前發放愛心物資給附近地區的清寒、單親、身障家庭，有時候也會加發紅包給予祝福，平常也會不定期送一些愛心物資，請里長代為發放。

建寺初期挖了一口井，出水很甘甜，師公開於是放給附近的居民取水回去用，結果有人發現井水可以治病，就這樣流傳起來，很多高雄地區或外縣市的人都來拿水回去喝，有病的治病、沒病的保平安。來禪寺的人逐漸多了，有的人喝了有感應的也都發心護持師公，是師公開山建寺的助緣之一，感恩護法擁護，菩薩靈驗，這口井至

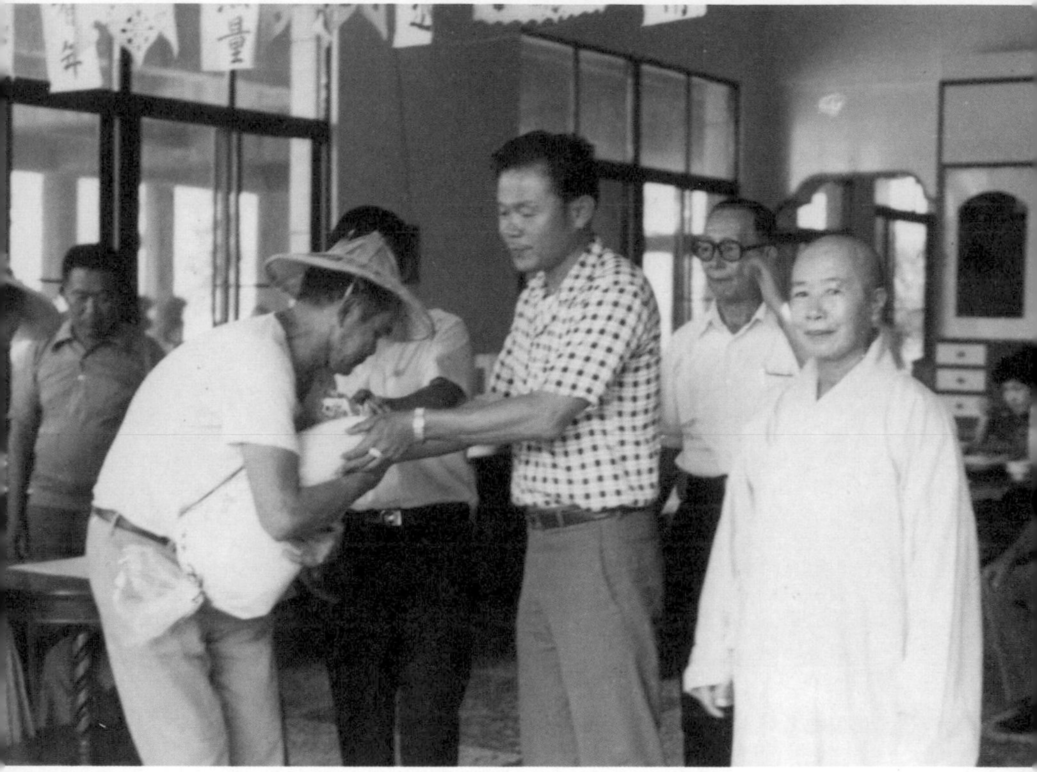

開山祖師開良法師開山建寺初期，村里很多貧戶生活困苦。開良法師時常在禪寺發放白米物資救濟，並給予關懷及施以教育，開導鼓勵他們要努力工作脫離貧窮，這些貧戶感受開良法師的關懷和祝福，鄉長、村長協助發放貧民救濟物資

今仍供給禪寺法會及生活三餐煮食使用。此外還有點燈的油，非常靈驗可以拿來擦抹治病，油燈年年歲歲不滅，至今依然點著，普明照世間，能除煩惱焰。

「觀音七」圓滿，黑觀音菩薩現身

民國七十九年農曆六月二十二至二十八日連續七天，師公及性賢師父帶領信眾打「觀音七」，每天虔誠持誦《大悲咒》及大慈大悲觀世音菩薩聖號，二十八日晚上「觀音七」圓滿日，朝山後每位信眾，都可以領到圓滿「觀音七」的「大悲咒水」。

六月二十八日「觀音七」圓滿日朝山前，突然下起一陣大雷雨，雷電交加。工作人員正在忙著分裝「大悲咒水」時，突然一道閃電打在兩扇對拉的紗門上，兩扇紗門上各映出一尊菩薩形像，當下大家都驚奇不已。有人認出一尊是黑觀音菩薩，另一尊是龍女菩薩，最奇特是菩薩的顯像要從室內往外才看得見，若從室外往內就看不到。

菩薩顯現身像，從當天晚上七點持續到隔天凌晨二、三點才消失。有緣的信徒親眼看見這不可思議的景象，感動得跪拜連連，唱誦南無大慈大悲觀世音菩薩聖號。

慈悲加持大悲咒水

觀師父就讀中學時，經常在夜半兩點半看到師公靜坐在觀音堂，專注持誦《大悲咒》，誦到「大悲咒水」滾沸。師公一生持誦《大悲咒》、《六字大明咒》的觀音法門，這樣的超能量救治了很多人，後來到深水觀音禪寺建築，幾乎每天都會看到信徒排隊等著師公加持。此般神奇的咒語，觀師父說她也曾經持誦好一段時間，尤其是《六字大明咒》。

開良祖師的大悲咒水有無法解釋的奇特性

開山祖師一生持誦《大悲咒》、《大明咒》及持觀音法門，每日凌晨二點半即起身專注持誦《大悲咒》，誦到「大悲咒水」呈滾沸現象。這種超能量的感應已是令人稱奇，更奇的是有位信徒的孫子雙眼紅腫，醫生用藥後仍紅腫疼痛不消，信徒就帶孫子來禪寺用師公誦過的「大悲咒水」來淨化雙眼，結果不出半小時，雙眼紅腫即消退也不痛了。

還有比此事更奇特的，台南有一位生病中的信徒，有一晚夢到開山祖師在為她治病，她的身體因此康復了。若不是她事後談及此夢，大家也不知道有這等奇事，眾人也讚嘆這位信徒能於夢中獲得開良師公的治癒，可見她的功德也是足夠顯大的。

儘管世界上有許多現象都得到科學解釋的答案，但科學仍無法解釋所有的自然現象，就如同有些特異超能力的展現，至今仍然是一個謎。

護持不懈發菩提心

有一位人稱胡師姑的徐雲英居士，從橋頭觀音堂時期就發心擁護師公，一直持續沒有中斷，直到師公建設深水觀音禪寺。每當建寺資金短缺時，都由她想辦法低利調度，減輕師公負擔，一路跟隨擁護師公，建寺完成後又繼續擁護我們住持師父。

胡師姑又引領一位林師姑來發心，在大寮幫忙採購煮飯，只要寺中缺少任何物品，林師姑、胡師姑都會主動添購，出錢出力，她們一路護持師公不懈，也一直走在菩薩道上。後來林師姑在高雄市楠梓區慈雲寺出家。

還有一位阿雪師姑，原本跟朋友一起來禪寺拜佛，看見師公辛勤地開山建寺很受感動，就發心擁護在大寮幫忙。阿雪師姑很節儉又很會買菜，早期佛寺有法會時都由她幫忙買菜。她也藉著買菜的機會，度了好幾位在市場做生意的師兄師姊來護持。因為這樣的因緣，阿雪師姑後來有機緣在左營區興隆寺出家。她的女兒洪碧霞居士經營漁船事業有成，也秉承母親教導，民國一〇三年開始發大心大力持續擁護住持觀師父，兩代傳承的佛化家庭。

洪碧霞護持深水觀音禪寺舉辦妙法華生活營寫生比賽頒獎

弘法利生隨緣度眾

丙辰年民國六十五年禪寺開工動土興建後，師公在極盡操勞的建築工程，以及日常繁瑣的事務當中，仍然隨緣度眾應機說法。隨著護持的信徒愈來愈多，師公在禪寺仍維持觀音堂的梁皇法會每年舉行一次，且幾乎每天都有人來禮拜「慈悲三昧水懺」祈安，直到七十九年賢師父從日本回來，為建築西廂房而舉辦水陸法會，也開始每月朝山會，及一年一度的兒童及青少年佛學營。觀師父八十五年學成歸來，增加了每月第二禮拜「慈悲三昧水懺」的共修會，「明靜布薩會」，「法華生活營」等活動利益眾生，也減輕工程經費負擔壓力。除此之外，師公依舊熱心社會公益、慈善濟貧、護持佛教會推動教務等不遺餘力，護法衛教貢獻心力，也度化許多有緣人，讓人感恩發心護持至今，許許多多令人感動的傳奇事蹟，僅敘述其中幾件印象較為深刻的真實故事，稍稍緬懷師公的恩德。

淨心長老、圓宗長老與開山祖師開良法師主持法華生活營（上，2013）。深水觀音禪寺住持悟觀法師為法華生活營同學上課（下，2013）

開山祖師開良法師主持主持明靜布薩會結業式合影（上，1994）；現任住持悟觀法師於水懺生活營解釋水懺意義後帶領大眾入大殿念佛（下）

難以置信「慈悲三昧水懺」在禪寺弘法利生的感應

民國七十三年，大雄寶殿落成，七十四年元月啟用，後續工程繼續進行。師公為了眾多因為身體病痛來求救的信徒，為個別信徒延請法師禮拜「慈悲三昧水懺法會」，讓他們能薰修懺悔法門，消業障除病苦。

有一位住院治療傷口卻久治不癒的信徒，每天都要從化膿傷口中挖出一碗膿水，令她痛苦不堪。師公為她延請法師在禪寺禮拜「慈悲三昧水懺法會」，請她的家人來禪寺，為她拜佛求懺悔並回向功德，再帶大悲咒水回去給她喝。經過了兩、三天以後，傷口神奇地結痂癒合。

還有一位罹患肺癌的患者，醫生說診斷只剩三個月的生命。慈悲的師公一樣為他延請法師在禪寺禮拜「慈悲三昧水懺」，喝大悲咒水。經過一段時間後，腫瘤消失身體康復。

很多人因師公慈悲關懷，有機緣禮拜「慈悲三昧水懺」，原來無法救治的癌症、疑難雜症都能痊癒，醫學上無法解釋的現象，醫生都說是奇蹟。師公救苦救難，身體恢復健康的人和他們的家人們都很感恩師公，有的後來發心擁護師公，這等感應事跡不勝枚舉。

五年前還有一位任教於正修工專的宋老師，朋友罹患癌症，聽說師公辦的「慈悲三昧水懺」靈驗事蹟，也來求懺悔禮拜「慈悲三昧水懺」，後來朋友的腫瘤也消失，身體逐漸康復。

在我們的記憶裏，早期的信徒很喜歡跟隨觀師父禮拜「慈悲三昧水懺」，非常讚嘆賢師父、觀師父唱誦入懺文和出懺文，法味濃厚得好聽。自從當家師父賢師父民國九十四年身體微恙，師父一照顧賢師父就是八年半，直到一〇二年賢師父圓寂之後，就再也很難聽到法味深深的唱誦音，如今在禪寺已經很少聽見觀師父悠揚深遠法味深濃的梵唄聲了。

歡喜參加法會的師姊

心鶴的法名是民國七十八年皈依時師公為她取的，她很喜歡這個略帶仙氣的法名。當初她的姊姊心喜跟朋友到深水觀音禪寺參加「慈悲三昧水懺」法會，她也隨著姊姊一起來拜懺，自此以後，心鶴師姊和她的姊姊就開始跟著師公、賢師父、觀師父禮拜「慈悲三昧水懺」、「梁皇寶懺」及其他法會。如今師公已經圓寂多年，心鶴師姊參加法會至今也已經三十年，但她每次來禪寺時，這份親切的感受依然存在。

她還記得曾經參加禪寺舉辦的「八關齋戒」，這也是一個很奇特的體驗，週六傍晚報到後入住禪寺，週日身上掛著「禁語牌」拜懺，過午不食，直到下週一看到日出後，「八關齋戒」才圓滿。心鶴師姊在拜懺時想到家裏常買活蝦來吃，心裏就很難過，一定要慢慢自我節制來改進，這樣自己的脾氣才會變好。心鶴師姊的指先生生病時，師公和賢師父都曾表達關心，她一直感念在心，也感恩師公舉辦佛學教育，讓她有機會來學習，改進自己的缺點。

心鶴師姊的姊姊江陳喜美居士，是漁船公司的老闆娘，自從來禪寺拜佛，聽過師公開示和加持後，看見師公開山建寺的辛苦和慈悲的菩薩精神，就發大心布施護持師公，同時也非常護持當時在日本求學的住持觀師父，是開山建寺的大護法之一。

觀師父說，「深水觀音禪寺」開山祖師開良長老尼的善行慈悲，感召了許多人，及三組大護法功不唐捐地護持；祈求自家身體安康、事業鴻圖大展、家庭美滿。有初期觀音堂時期就護持直到禪寺興建的王安順議員和王廖淑完夫婦；中期有江平進、江陳喜美夫婦以及謝有志、謝許津蘭夫婦，兩家人都是高雄漁業界的企業家；後期有謝龍豐、詹靖霈夫婦，都發大心擁護師公。從師公開山建寺以來，一路護持師公、當家師父性賢法師，以及現在的住持悟觀法師，現階段護持大護法的陳桂生、洪碧霞夫婦等等，並結合各界十方的信眾有緣人的共同護持，建築成現在樣貌的深水觀音禪寺。

觀師父還強調，當年龍泉寺的住持隆道老和尚告訴師公說：「開良耶啊，發大心開山建寺給人修行是很好，不過人若住進來，你就會知道領眾的苦。俗語說，要領一連兵，也不領三個僧人，自己較好修，要統領大眾修行不簡單啊！」

大護法江陳喜美賢伉儷於開良法師主持明靜布薩會晚會供養開良法師（1994）

夢中的圓通寶殿觀世音菩薩

高雄一家遠洋漁業公司穩發集團的老董謝有志居士，在民國七十九年的時候曾經做過一個夢，夢中見到坐東北向西南的觀世音菩薩指示，說祂安住的佛寺正在興建，有一尊坐姿木雕觀世音菩薩，需要他來發心護持。夢醒之後，他就照指示到處去尋訪也跟朋友打聽，哪裏有這尊觀世音菩薩的寺院。找了一年多都找不到，直到有一天詢問環球水泥公司的陳主任，陳主任回覆應該是之前請他去布施的寺院，並擇一日帶他來禪寺拜佛。謝居士看到圓通寶殿的觀世音菩薩、文殊師利菩薩、普賢菩薩，三尊國寶級木材紅豆杉雕刻的聖像，就說這就是他的夢中菩薩，問師公三大士的價錢，他要發心。師公說三大士是要讓每一位有緣的發心者共同來成就，您可以捐大筆的錢，但還是要留一些給有緣人來種福田。謝居士於是捐了一百萬，隨後又再捐寶殿內黑檀佛供桌兩百萬。

開山建寺期間，黑觀音菩薩的感應事蹟很多。有一天，一位從高雄來的老菩薩，

深觀音禪寺二樓圓通寶殿三大士（中觀世音菩薩、右文殊菩薩、左普賢菩薩）材質是台灣國寶紅豆杉

問了常住師父，得知禪寺裏確實供奉一尊黑觀世音菩薩，拜完黑觀音菩薩後即向師公說明來意，她夢見黑觀音菩薩跟她說這裏正在建寺需要經費，但她不知道禪寺位於何處，一路打聽，才找到了她夢中的禪寺和黑觀音菩薩。她很高興地把手上那包用報紙包的三十萬現金捐出交給師公。

還有一位從台北坐飛機來的菩薩，在台肥公司工作的他，也夢見黑觀音菩薩告訴他，禪寺欠缺建築經費要他來布施，經多方打聽之下才找到禪寺，並特地從台北坐飛機南下，拜訪燕巢深水觀音禪寺，誠心布施。

油燈擦好燙傷潰爛手臂

還有一位住在旗津的老信徒，孫女屁股及手臂被煮粽子的開水燙傷，傷口潰爛一直無法痊癒，也來請求師公加持。師公就持誦《大悲咒》加持，再拿一些從觀音堂就開始點油燈的油來幫她擦傷口，傷口很快癒合，疤痕也漸漸消失。

工地意外巨木滾落司機摔下車卻平安化解

有一次，卡車運來建寺所需巨人木材，不料木材突然鬆綁從車上滾落，司機也跌摔地上，眼看卡車位於斜坡正往下滑動，慘狀即將發生，只見開良祖師趕緊拿一根木頭塞在車底頂住車子，車輪動不了即停止，才沒釀出更大災禍。意外造成司機重傷送醫，眾人才得知司機下星期就要結婚，焦急得不知如何是好，開良祖師即刻整天持誦《大悲咒》及持觀世音菩薩聖號，除了過堂及上洗手間外，沒有一分鐘停歇，就這樣過了幾天，司機居然無事安好出院，連醫師都驚訝不已。

任何一場工地公安意外，往往會造成無法抹滅的人間憾事，除了盡人事外，更需要藉由菩薩的大慈悲心救拔眾生，求菩薩以大慈悲願力利益眾生，這個奇蹟，慈悲的師公為這位司機做到了。

發心點油燈找到工作

建寺初期，有位信徒到大雄寶殿跪拜祈求許久，師公關心地問明原由，才知他因為失業已久，來求佛菩薩加持。當時師公正在為幾位居士開示，之後大家發心供養三寶，他看到便向師公說，如果自己也有能力像他們一樣發心，不知道有多好？師公加持後告訴他這樣讚嘆別人就有功德，不要擔心錢，先寫來點光明燈祈求光明，等有工作後再來繳油燈錢捐錢做功德。他回去不久之後，果然找到工作了，太太也做點小生意，生活安定後，回來感恩師公，繳清光明燈的錢，也分期付款參加大殿三寶佛像的捐獻。

醫生父子同來護持

高雄耳鼻喉科權威醫師林本仁教授夫人沈蕙香居士，自從跟著王李淑美師姊來禪寺拜佛聽過師公開示之後，出生世家望族一向不輕易服人的她，也歡喜地發心護持師公，還把先生以及兒子林克忠教授也一起帶來，跟著發大心護持師公、住持師父至今，三人對師公開良長老尼、住持觀師父都很恭敬，常來佛寺拜佛請教觀師父問題，對禪寺舉辦的各項活動皆大力護持。

留學日本的林本仁教授是一位愛讀書的人，家裏收藏大量的日本文學、醫學、佛學、藏經……等巨著，其中多有珍貴的絕版書。林家搬遷到台北之前，整理了一大卡車的書和一個清朝時代的骨董浴缸載來禪寺，送給也是愛書人的住持觀師父，住持師父幫他轉施部分書籍給華梵大學，讓他和更多的人結緣。醫生世家兩代傳承護持，功德無量令人讚嘆。

創辦人曉雲導師與開山祖師開良法師及深水觀音禪寺監院性賢法師、都監悟觀法師。這樣善法因緣是佛教慈悲與智慧的活動象徵。華梵大學興學義賣活動開示後與大眾合照於圓通寶殿，江陳喜美與林本仁、林克忠兩代不但熱心護持深水觀音禪寺也跟著董事長悟觀法師護持華梵大學

頭痛宿疾好轉

建寺中期，有位阿玉師姊常來寺拜佛，她有著風一吹頭就會痛的宿疾，所以隨時包著頭巾防風。一般在大殿佛前是需要脫帽的，但師公慈悲體恤她的身體狀況，請她戴著頭巾，內心保持虔誠就好。師公特別為她加持幾次後，阿玉師姊的頭痛宿疾就慢慢好轉了。阿玉師姊受到師公慈悲的感召，感恩地發心護持師公，也帶動同住煉油廠宿舍的師姊們一起發心。每逢寺裏舉辦各項活動如法會、園遊會等，阿玉師姊都會邀集大家參加，也會在大寮幫忙。她還發心炒米粉、滷豆干，踩著腳踏車在煉油廠園區、市場義賣，一心護持道場。

收留照顧精神障礙的信徒

有位阿圓師姊因信外道走火入魔，時常精神不濟、心神恍惚、行為失常，家人無法照顧。師公慈悲加持並收留她住在禪寺裏調養，她的兩個五、六歲的兒子和女兒也跟著媽媽一起來住。師公照顧母子三人數月之久，直到阿圓師姊恢復良好，精神狀況穩定後，才由她的先生接回家。

二十多年前，有一位阿悅師姊，當年她就讀國中的兒子忽然精神異常，有暴力傾向，一發作起來，力大如牛沒人制伏得住，發作後則整夜走動不睡覺，全家人提心吊膽苦不堪言。阿悅師姊聽人家介紹師公的慈悲和不可思議事蹟，於是帶著兒子來禪寺懇求師公救治。師公真是大慈大悲，不怕她的兒子是一個有暴力傾向的精神病患，收留母子倆住在禪寺，照顧她們的生活起居，天天幫她兒子加持以及用大悲咒水淨化，還拜了一堂三昧水懺。一段時間過後，孩子逐漸好轉，性情也比較穩定了，師公才放心讓她們回家去。阿悅師姊和她先生非常感恩師公，於是發心護持，時常回禪寺當義工，她的先生也會回來幫忙油漆電風扇。

阿慎師姊跟著其他師姊來禪寺拜佛，當時她精神狀態不好，也沒辦法正常工作。跟著大家一起排隊請求師公加持，師公加持淨化又教她念佛後，她覺得好很多了，於是常常回來禪寺請求師公加持，不久之後精神恢復，也可以回到職場。她很感恩師公也發心護持，經常一路從梓官騎一個多小時的機車回到禪寺當義工煮飯，知恩報恩的精神感人。

心臟腫瘤消失又中風好轉

民國七十五年間，玉英師姊的先生文義師兄心臟旁邊長了一串葡萄狀腫瘤，醫生診斷後認為狀況並不樂觀，可以尋求宗教信仰的支持，意思就是沒辦法治療了。這般絕望的情形下，他們經惠微師姊引領來禪寺拜佛，祈求佛菩薩保佑，懇請師公加持救命，師公慈悲加持也給他們大悲咒水帶回家喝，又介紹他們去看台南一位嚴惠美中醫師，並要他們有空就回來禪寺拜佛。他們早上賣完素食後就來禪寺當義工，整理環境，並在大寮幫忙煮飯，師公也經常為文義師兄加持。就這樣過了半年，文義師兄再到醫院檢查，心臟旁邊的似葡萄串腫瘤竟然消失了！他對醫生說，有一天晚上他夢到懺悔堂的黑觀音菩薩綁著他的手，幫他開刀，腫瘤就消失了。醫生聽完詫異地說這簡直是奇蹟，還問他們到底信奉什麼?!

十年之後，文義師兄幫忙兒子籌備開網咖店，師公當時勸導他們不要這麼做，但文義師兄一心為兒子，不聽師公苦勸，結果太過操勞，突然中風送高雄榮總醫院急救。玉英師姊來電哭求師公加持，師公和常住師父持誦《大悲咒》及《普門品》回向，也交代當家賢師父趕去榮總探望。榮總醫師說明是腦血管破裂出血，需要開刀清除。後來轉送長庚醫院，醫師再度檢查後不建議動手術，因為血塊在腦部深層部位，危險性太高成功機率很小，縱使手術成功也會有很大的後遺症會成為植物人，只能用藥物治療試試看。玉英師姊考慮之下放棄開刀，拜託醫生盡力治療。師公也持續關心加持，常住眾也誦經念佛回向，文義師兄就這樣平安度過危險期，只不過腦部語言中樞受傷，留下後遺症，講話模模糊糊，但說「阿彌陀佛」這四個字時又很清楚。這種現象連醫生也無法解釋，只能說病人能救回來已經是奇蹟了。

文義師兄持續住院三個月復健治療，有一天，他想要聽佛經，玉英師姊於是放給他聽，文義師兄便說觀世音菩薩要帶他出去玩，他邊說邊哭，同病房的另外兩位病人受到感染也跟著哭了。這時候最讓玉英師姊驚訝的，不是文義師兄在哭，而是他居然可以講得那麼清楚！隔天上語言復健課時，玉英師姊說給語言復健師聽，復健師剛好是皈依曉雲法師的佛弟子，聽完直說佛法不可思議。文義師兄後來復原狀況良好，語言能力也恢復正常，出院後常和玉英師姊回到禪寺。慈悲的師公繼續加持，讓文義師兄的記憶恢復不少，只是行動仍有點不方便。

玉英師姊非常感恩師公的加持救命，更加發心護持，負責法會期間大寮工作。她說每次想偷懶不回來的時候，就會夢到師公跟她說：「寺裏的佛事快要開始忙了，妳要回來幫忙啊！」她也就不敢懈怠地打起精神，懷著感恩的心，歡喜地來禪寺幫忙和共修。（王玉英本人講述）

一天開好幾趟的菩薩車

禪寺剛興建時，有一天王李淑美師姊開車經過就進來拜佛，隨喜布施。她看到師公的慈悲親切和開山建寺的辛苦，於是發心擁護師公。之後常常邀集並載送她的朋友到禪寺來拜佛布施，其中有醫師、教授等知識分子，也有政府官員、民意代表、大公司老闆、企業家以及市場做小生意的師兄師姊。最密集的時候甚至高雄燕巢一天來回二、三趟。她這輛菩薩車一載人來，師公就請大家坐下喝喝茶聽開示，無論來自何方，師公的開示總是讓大家聽了心生歡喜、發心布施，真的很不可思議。

王李淑美師姊覺得很奇妙，只要她一發心要載人來，就真的有很多人要讓她載，有的還主動打電話給她。其中有位林本仁教授，是高雄耳鼻喉科權威醫師，他的夫人沈蕙香居士也跟著來拜佛，之後她和林教授以及兒子林克忠教授（服務於台大職能治療學系），也發心護持至今。

禪寺辦「兒童佛學夏令營、法華生活營」且年年濟貧

除了一般民眾，開良師公同時關心兒童教育，於民國八十二年起辦理「兒童佛學夏令營」（國小三至六年級），讓學童接受佛法薰習，陶冶慈悲善良心靈，首次即有兩百五十六人參加，而且是連續四年。另外師公更年年積極辦理急難救助與慈善濟貧活動，熱心從事佛教社會公益慈善事業。

師公自小失學以致不識字，所以特別重視教育，民國八十二至八十七年間，在當時任教台東師範學院的金信庸老師協助下，連續舉辦「兒童佛學夏令營」；在住持觀師父學生賴信川老師幫忙帶動下，舉辦「青少年佛學夏令營」，以及住持觀師父親自策畫的「法華生活營」，為學佛的根苗播下種子。這些年幼的孩子們現在都長大成人在社會上服務當老師了，時常帶著學生回來拜佛。年長的學員也受到啟發，有的改變人生觀，圓滿幸福家庭，有的發心學佛，盡力擁護……，感恩有此機遇學習成長。

師公特別歡喜栽培孩子讀書，信徒家裏有要考大學的小孩，師公提供禪寺幽靜

開山祖師開良法師率領監院性賢法師、現任住持悟觀法師辦理兒童夏令營結業大合影（1996）

深水觀音禪寺住持悟觀法師為青少年學佛夏令營上課（上，1996）。
開山祖師開良法師指導兒童夏令營同學朝山禮佛（下，1996）

的環境，讓他們回來住一段時間努力用功讀書，個個都考上好的學校。懺悔堂黑觀世音菩薩的供桌上，每逢考期常會堆滿准考證，祈求菩薩加持考上理想大學或公職。菩薩的靈感和師公的慈悲，成就了許多孩子。

每月朝山的感應

賢師父從日本學成歸國後，每個月農曆二十八號都會舉辦朝山日，從山門三步一拜，拜至大殿回向。其中有位郭老菩薩，是鹽埕區千葉素食自助餐的老闆娘，平常駝背得很厲害，推一輛推車支撐著走路，根本無法站直也拜不下去，但還是很虔誠地走著跟大家一起朝山，朝山後常聽師公開示和加持，心開意解心情好起來健康也跟著好轉。她的大女兒感恩師公的慈悲和佛法的不可思議，曾於水陸法會期間發心回來幫忙，也把原來生意非常好的葷食自助餐廳改成素食餐廳，是鹽埕區知名的老店。

有一次，農曆二十八日朝山日，有一輛從前鎮和苓雅區來朝山的遊覽車，不但滿座還超載至六十七位。帶車的見美師姊驚訝地向師公報告，師公笑笑地說，她點香跟菩薩說，要讓這輛車坐滿滿的，結果滿到連階梯、放行旅的地方都鋪著報紙坐滿人，可見師公的修持跟菩薩的靈感。而朝山後大家吃的麵線糊和薑母茶也很有名，有人跟著來朝山，是為了要吃麵線糊、喝薑母茶，持續到現在有些老菩薩還會打包回去當早餐吃平安。

民國八十九年，見美師姊來朝山完晚上十點多回到高雄時，在文化中心前大馬路上發生車禍，被廂型車撞飛跌坐在車前。現場正巧有救難協會的人在文化中心門口辦活動，趕緊幫忙叫救護車送醫。醫師說還好在車禍現場處置得宜，沒有大量出血，否則動脈破裂馬上會有生命危險，建議需要手術治療。見美師姊記得當天晚上昏睡之間一直聽到一個聲音，叫她要起來盤腿，本來在床上小便都需要人家幫忙的見美師姊，竟然自己坐起來拉著褲管要來盤腿。幫忙送醫和照顧的同事趕緊請急診室醫師來查看，急診室主任來看過後要她躺著休息不可隨便亂動，等待隔天主治醫師診斷確定安排動手術。結果主治醫師看診後，表示可以不用手術治療，但是要平躺三個月都不能翻身讓骨折自然癒合，主治醫師交代住院醫師在大腿骨打一個鋼架，把骨折受傷的部位拉開減少腫脹比較快癒合。就在醫師準備器械時，見美師姊說叫她要起來盤腿的聲音一直在，所以她又起身拉褲管想盤腿，這時候醫師看她的腿能動，說可以不用在腿骨上打鋼架，改採綁重物牽引也有效果。見美師姊就這樣不可思議地免除了動手術和鋼架穿骨的痛楚，而且臉部被撞到的地方，除了眼睛旁邊約一公分處有縫合三針以外，鼻子、耳朵都還好，只有顏面神經在事故後有點麻痺，其他沒甚麼後遺症。

標會、存錢的老菩薩

景嬸老菩薩是漁船公司的老闆娘，跟師公結緣後，中後期的建寺十分發心護持。

有一次師公建築經費一時湊不足，組一個二十人每人五十萬元的互助會，想辦法讓師公低利標到第一會一千萬，解決燃眉之急，工程依時間得以順利進行。

從觀音堂就護持師公的陳謝棉老菩薩，是東記造紙股份有限公司的老闆娘，跟朋友來禪寺聽過師公開示和加持之後，就很發心護持。她節約勤儉，常常存到一整筆錢之後，就請師公派人去拿。師公建寺後期，好幾次每當建築經費沒有著落時，剛巧就是她請師公派人去拿的時候。

有故事的茶

聽住持觀師父說，師公建寺用的鋼筋是向一位鋼鐵商人蔣衍泰和另外一位生意人買的。這位蔣居士是個老實人，第一次被人倒債的時候，師公把所需的鋼筋用量集中向他購買，幫助他度過難關。他東山再起後心存感恩，連續三年供養師公三十斤的頭等清香茶，師父留存了六斤。師父說這種古早傳統手工藝烘焙，放在易開罐中真空包裝的好茶，到現在打開來沖泡，都還喝得到茶葉的新鮮味。師公的曾孫、兩歲多的李宥陞小菩薩弟弟喝了後說，這是紀念師祖的茶茶。聽了實在太令人感動。

後來蔣居士再次被倒債之後，就到台北另謀發展，還清負債以後持續多年，每年都寄三千元到禪寺，住持觀師父交代法會時把他寫進名單消災祈福。這是一瓶有故事的好茶，有師公、觀師父的慈悲，還有懂得感恩的人，更有最貼心的小弟弟，知道這是一瓶紀念師祖的茶。

師公在艱辛的開山建寺過程中，仍然善巧方便地舉辦各種法會：八關齋戒、打觀音七、每月共修、每月朝山、佛學營……等各項弘法活動，以及慈善濟貧等社會公益活動，弘揚佛法利益眾生。

套房式的寮房

禪寺的寮房有一大特色，就是每一間寮房都是備有個人床位，附有衛浴設備的套房，以便利老菩薩或行動不方便的人，就近如廁盥洗，住得舒適又安全。以七〇年代的標準來看，很少佛寺有這樣飯店級的住宿，一般大都是睡上下層的通鋪，排隊用公共的浴室廁所。師公說要讓來佛寺掛單的信徒吃得好、睡得好、精神好，好好用功拜佛。荒山野地生活住過工寮吃過苦的師公，總是慈悲地為大家設想。

降伏老來出家的習氣

建寺中後期，來了個「白頭髮」及「阿珠姑」兩位老菩薩，就是後來出家的宏虛師、宏諦師；宏虛師幫忙早課，宏諦師在大寮煮飯。後來再加上說要來占房間養老的宏穩師、宏淨師、宏澤師三人，當時都已經是七十幾歲的老人，後來都在師公慈悲應允下，指派她們依止當家賢師父出家。依照規矩，這五位接近八十歲高齡的老人家是不符合出家資格的，也不可以受三壇大戒，但慈悲的師公特別懇求淨心長老允准她們參加受戒，由於淨心長老和師公的慈悲，她們此生才能圓滿地出家受具足戒。

這五位近八十歲的老人家，平常就像小孩一樣，相處時常有爭執，師公不但要安她們的身還要安她們的心，居間調停賞罰分明，對於有錯的人小小地罰站念佛。宏澤師父笑說這是「站平安」，可見師公無量的慈悲，老師父們的率真。這就是師公最初度化的五位老師父。

差點做乩童的師姊

蘇秋師姊的先生因飲酒發生車禍腦部受創，時時需要有人看顧。她每次帶著先生一起來到寺裏時，師兄及師姊們就會幫忙照顧。師公很關心，經常加持，先生病情因此漸漸好轉，這樣蘇秋師姊就可以更安心地來做義工。此外，蘇秋師姊的兒子成長過程中不易受教、愛打架、脾氣壞，直教她無可奈何，後來也是帶著兒子一起來禪寺拜佛後，兒子就慢慢修正個性，變乖了。

有一回，蘇秋師姊在禪寺時，突然打起嗝來，打個不停，不知該如何是好，只好求師公加持。師公加持後要她一直念「阿彌陀佛」，念著念著說也奇怪打嗝就止住了。又有一次，蘇秋師姊到高雄甲仙的濟公廟拜拜，廟祝說要她來當乩童，她感到非常害怕，就跟師公提起這件事，師公請她有什麼事來禪寺裏拜佛就好，不要胡亂聽胡亂去，只要在家裏念佛、來寺裏拜佛就好，也特別給予蘇秋師姊加持，她就馬上感到安心多了。還好有師公加持，否則就要去當乩童了。

「公路超渡法會」果然使交通事故減少

民國八十年，由於高雄市公路交通事故頻繁，無辜受害者累積數量眾多，居民也因「抓交替」傳說而心裏感到惶惶不安。開良師公一向體恤人心，於是發善心，於鹽埕區、公園路、旗津區、小港二苓及三民區統盛市場等處舉辦「公路超渡法會」，義務延請法師禮佛誦經超度亡靈。雖是民眾免費參加的超渡法會，但開良師公的要求很高，一心誠敬嚴淨身心。師公的信念就是，既然要做就一定要做好、做圓滿不可。雖然在外地借用場地有諸多不便，但是師公還是克服困難，仍然一本虔誠如禮如法，嚴淨壇場誠敬身心，敬備豐富的供品，圓滿每一場法超渡法會，利益無邊的眾生。

舉辦完一連串的「公路超渡法會」，讓亡靈離苦，也讓冥陽兩利，不但安定了民心，交通事故竟然真的也大為減少了。

由於師公慈悲發心，「公路超渡法會」有很多的感應，交通事故大為減少了，普遍獲得民眾的讚嘆，聲名遠播。當時的高雄市長蘇南成，就禮請師公舉辦一場「梁皇寶懺法會」為市民消災祈福。其實師公當時還在建寺當中，經費拮据之下，仍然慈悲應允，向信徒借貸勉力完成使命。法會圓滿之後，蘇市長也再一次邀請師公為端午節的龍舟競賽用龍舟點睛。師公的德行感召蘇市長，也是當年高雄市出家師父獲邀參加龍舟點睛的第一人。

開山祖師開良法師受邀熱心參與社會民俗活動配合政府歷年龍舟競賽祈求國泰民安風調雨順（上）；開山祖師開良法師與蘇南成市長參與畫龍點睛活動（下）

韻竹師姊親近師公後，一生中的三個奇蹟

韻竹師姊是一個注重儀表的人，平常都把自己打扮得美美的。她說經常在夢裏見觀世音菩薩頭後有光環、一手持白色淨水瓶、一手持楊柳枝，安坐在蓮花上，但臉部卻明顯畫了濃妝上了紅色胭紅、口紅。這和她平常看到的觀世音菩薩像大不相同，不確定見到的是不是真的觀世音菩薩，於是鼓起勇氣問師公。師公聽後笑笑說，觀世音菩薩有三十二化身來度眾生，菩薩會以妳喜歡的模樣來度妳，妳才會注意啊！師公平易近人淺白的講說佛法，說的就是《妙法蓮華經觀世音菩薩普門品》：「應以何身得度者，即現何身而為說法。」

因為這樣的善緣，受師公的慈悲的感召，韻竹師姊就發心擁護，也藉著為人排紫微斗數從事命理工作之便，介紹很多客戶來禪寺參加法會消災祈福。就因為這樣的發心功德無量，韻竹師姊說她一生有三個奇蹟，都感應在深水觀音禪寺黑觀音菩薩的救護。

第一個奇蹟：免除一場火災

有一次，韻竹師姊的朋友、前高雄醫學院主任以及院長夫人到她家喝茶，主任提議去觀音山吃土窯雞，韻竹師姊想帶這兩位朋友來禪寺添香油錢，就提議先去拜佛再去吃土窯雞。沒想到車子剛下交流道往禪寺方向開的時候，黑觀世音菩薩的影像突然浮現，告訴她要回家關瓦斯，她才猛然想起家裏的瓦斯爐正在燒開水，而出門時忘了關瓦斯。趕緊回家後，一看嚇壞了，整棟透天厝濃煙密布，韻竹師姊膽子小不敢上樓查看，此時院長夫人就大膽衝上燒開水的四樓，只見水壺已燒熔了，紗窗也燒壞了，幸好瓦斯爐沒爆炸，及時關掉免除一場火災，差五分鐘後果就不堪設想。

第二個奇蹟：愛打電玩的兒子考上大學

韻竹師姊的兒子沉迷於電玩遊戲，在校的成績表現一向不好，學測後要登記分發學校時，由於分數排序落在後段班，韻竹師姊就默默地求助黑觀世音菩薩保佑兒子，希望至少兒子能習得一技之長，日後能有一份工作可養活自己。韻竹師姊祈求菩薩只要能給兒子有一個電子或電機科的學校可讀就好。

還好她兒子還有錄取分數最低的一所學校電子系可以登記，而且只剩下最後一個名額，可是登記順位為第十三。兒子眼看無望了，就跟韻竹師姊說他明年再重考好了。可是韻竹師姊卻很篤定地說，那一個名額就是菩薩要給兒子的，兒子不相信地說：「母啊！妳不要信佛信到發神經啊！」但奇蹟發生了！排在前面的十二位竟然都放棄就學，如此一來，排第十三順位位的兒子錄取了電子科最後一個名額，吊車尾進大學。上了大學的兒子非常喜歡自己的科系，讀出很優秀的成績，畢業之後在一家知名的電子公司擔任要職。

第三個奇蹟：脊椎免動手術自然痊癒

韻竹師姊一直苦於椎間盤突出的毛病，時好時壞拖了好些年，中西醫復健治療皆無顯著效果。後來決定在高醫接受手術治療。動手術之前，韻竹師姊先來參加水陸法會，禪寺的宏音師父看到她連問訊時都無法彎腰，很關心她的狀況。

住持觀師父慈悲，法會期間請一位拿到日本技術執照、擅長推拿整脊的賴先生，來幫法師和工作人員以及信眾疏通筋絡保養身體。宏音師父得知韻竹師姊的狀況後，就對韻竹師姊說，佛寺都有護法擁護，妳來推拿看看，無效再動手術。韻竹師姊記得賴先生在她脊椎按了八下後，居然能彎腰蹲下，雙手還能觸到地！韻竹師姊雖然很高興，但因為過去整脊後的反復經驗，仍然感到不放心，還是到醫院做術前檢查，沒想到醫生一看X光片，告訴她說，不用動手術，已經好了。真是奇蹟！

後來韻竹師姊又到小港醫院再做一次最新的６４０切電腦斷層檢查，醫生告訴她，她的脊椎很正常沒毛病，她才放下心，也打從心裏感恩佛菩薩保佑，感恩住持觀師父慈悲、宏音師父關心，消災免難，免除她很擔心會有後遺症的脊椎手術。

韻竹師姊非常感念師公對她的恩德，她想起過往的水陸法會，信徒人山人海擠滿禪寺，車子停到山門外的路邊長長一排，這盛況至今難忘。她也很感恩續接禪寺住持的悟觀師父，讓她學習得更多更廣，這一切的一切，實不足以道出萬分之一的感恩啊！（陳足本人講述）

感恩的眼淚擦不停

淑貞師姊說，她若想起師公對她婆婆（宏虛師）的好，她就眼淚擦不停。她的婆婆能夠在禪寺出家並住了二十多年，直到八十七歲往生，是如何受到師公的照顧及包容，淑貞師姊的內心非常清楚明白和感恩。淑貞師姊的婆婆心地善良，但是自幼就嬌生慣養，由於個性倔強及脾氣強硬，常常讓人覺得以難相處。禪寺才剛開山五年時，蒙師公慈悲應允，她就來禪寺住下乃至後來有機緣出家。淑貞師姊的婆婆在禪寺修行長達二十多年的這段時間，不但師公很包容她，連當家賢師父、住持悟觀法師及常住師父們也都很照顧她。以往，婆婆常常得罪人，面子掛不住時還要別人給她下跪，是一個難相處的人。連她的兒子哲三師兄都說，別人都受不了，只有師公有辦法。

淑貞師姊的婆婆常對她說，入我門就要如我法。當年面對婆婆的威嚴，在巨大的壓力下照顧四個小孩，讓她每日戰戰兢兢地生活苦不堪言。幸好師公慈悲收留婆婆，讓她的家庭生活得到喘息的空間。在師公無限慈悲的包容照顧與感化下，婆婆的脾氣也慢慢變好。婆婆生前即一再囑咐兒子及媳婦，在她往生之後，仍要回來禪寺拜佛、護持。淑貞師姊和哲三師兄銘記師公的深恩，所以一講到師公，淑珍師姊就眼淚擦不停！（莊淑貞本人講述）

護法衛教奉獻心力

師公堅苦卓絕開創深水觀音禪寺的過程中，就算遇到建寺經費困難的情況，仍然護法衛教不遺餘力，親自參與踴躍捐輸，致力於推動佛教教育、文化、慈善以及社會公益活動。

護持光德寺淨心長老

民國九十年三月，開山師公和賢師父帶領信眾，參加世界華僧會第七屆泰國訪問活動，贊助淨心長老在偏遠的泰北清萊地區創建第一所佛教小學「淨心小學」三十萬元。師公跟隨長老長途跋涉探訪學校，為佛教教育撒下菩提種子，給予貧窮落後山區的小孩、老師及家庭，帶來了豐富的物資和無限光明希望。

民國九十二年四月、九十五年九月，師公極力護持淨心長老創建淨覺老人養護中心，於九十二年四月受邀參加動土儀式，開工之後興建期間仍然持續護持一百萬元，直到九十五年九月養護中心建設完成營運，師公再度受邀參加落成啟用典禮，為淨心長老關懷老人安養與提升照顧品質，盡心盡力。

護持華梵大學曉雲導師

民國七十六年間，開始積極募款協助曉雲法師創立華梵工學院，歷經更名為華梵人文科技學院，至民國八十六年核准改名華梵大學後，都一本初衷結合禪寺的大護法，江陳喜美、林本仁、吳蕙香等人全力擁護。

民國八十八年五月，華梵大學曉雲導師購置龍潭校地，導師希望住持師父悟觀法師幫忙辦一場園遊會募款，師父竭盡心力策畫，擇於五月十日母親節也是佛誕節在高雄市勞工公園舉辦「五月清涼教育德風——功德友園遊會」，護持華梵大學覺之教育。四月初的時候就先帶兩部車的信眾到華梵大學文物館參加「第三十六屆清涼藝展」，認購導師的禪畫和蒐集的各國手工藝品。住持觀師父隨後又參加在福華飯店舉辦的導師禪畫拍賣會，拿出多年積蓄六百萬元購畫護持。

住持師父是窩在書堆讀書的文人僧者，鮮少與外界接觸，也不曉得一場園遊會可以募集到多少款項。後來聽佛教會的人分享經驗，才知道能夠募集到二百多萬元就很了不起了。一聽之下隨即應變，拜託淨心長老和佛教會協助發文邀請各寺院共襄盛舉，也趕緊請師公和賢師父拜訪嘉義以南高雄縣市、台南以及屏東等南部地區，可能會認購園遊券的寺院發心擁護。每天透早就出門，日落山頭後才帶著一身疲憊回來，隔天一早又打起精神來繼續拚業績。師父召集信徒發心布施，其中有三筆大額捐款，江陳喜美居士、林本仁教授、王惠珠醫師等三人把孩子們母親節孝養的紅包捐出來，江陳喜美捐四十萬、林本仁捐二十萬、王惠珠捐二十萬。功德友園

開山祖師開良法師帶領監院性賢法師及現任住持悟觀法師與信眾來護持華梵大學龍潭校區用地（上，一九九四）。導師為購置龍潭校地辦活動募款，開山祖師開良法師極力推動，活動期間創辦人為為信徒皈依開示（中，一九九九），並於勞工公園舉辦園遊會募款七百六十萬元護持華梵大學（下，一九九九）。

遊會在兩位超級推銷員師公和賢師父不辭辛勞的努力奔走以及觀師父的號召下，園遊會所得打破教界二百多萬元的紀錄，創下出人意料的成績，結餘淨資七百多萬元全數捐獻華梵大學。

「五月清涼教育德風——功德友園遊會」，在高雄市勞工公園舉辦當天，雖然風雨滂沱，但仍號召諸山長老雲集。護法善信人等，在師公、賢師父、觀師父的感召下，撐著雨傘、穿著雨衣不畏風雨絡繹不絕，在風雨中圓滿了一場寓意深遠而又殊勝的園遊會。

當天有個不可思議的小小插曲，禪寺的信徒雲嫱師姊，認捐一個攤位賣台糖冰棒，哪知風大雨大，一整櫃的冰棒滯銷，愁眉苦臉煩惱不已。師公巡視各攤位慰勉大家時，特別鼓勵她說，免煩惱，等一下就賣出去了。只見太陽公公聽見師公的話一會兒之後，就在整天的風雨中短暫放晴，豔陽高照下，冰棒一掃而空，一賣完，雨又直直落。大家在驚喜之餘，感恩師公加持，感恩護法龍天擁護觀師父舉辦這場深具教育意義的園遊會。

開山祖師開良法師、監院性賢法師、現任住持悟觀法師與華梵大學董事仁華法師護持曉雲導師在台中清涼藝展合影（2002）。悟觀法師攝影於華梵文教基金會（下）

開山祖師開良法師護持華梵大學創辦人曉雲導師在高雄巡迴書展（2003）

民國九十年代，參與在高雄世貿廣場舉辦的全國書展，設置曉雲導師著作展售書攤。師公請賢師父、住持觀師父在現場解說，也發動信徒到場參觀購買導師著作。民國九十三年四月，導師的「曉覺禪心——曉雲山人書畫藝展」在台中市立文化中心大墩藝廊展出。鮮少出遠門的師公和賢師父、觀師父，除事先認購導師禪畫外，特別帶領信眾搭乘遊覽車前往參觀，鼓勵大家發心護持。

護持大高雄佛教會

民國八十八年十月，在九月二十一日中部地區發生台灣有始以來最大七級震災後，師公當下響應佛教會即時捐款四十萬，並和賢師父參與訪探視災區活動。之後更於佛教會舉辦賑災募款園遊會時，帶領信眾踴躍認捐多攤園遊攤位參加義賣，榮獲高雄縣政府表揚頒發感謝狀。

民國八十九年三月，師公曾任佛教會理事，熱心參與會務推動並且贊助活動經費。八十八年佛教會在高雄市中正路購置會館時，師公曾大力支持贊助經費，八十九年三月獲佛教會頒發感謝狀。

此外，師公更經常請賢師父帶動信徒參加佛教會舉辦的各項活動，諸如園遊會義賣、齋僧大會募款，並擔任接待組或醫護組服務等工作。對於佛教會推展的各項會務活動，出錢出力護持不遺餘力。

護持常州天寧寺

民國八十六年台灣省佛教會理事長法智法師，陪同大陸江蘇常州天寧寺方丈松純長老來禪寺參訪，師公捐助二十萬元，護持重建天寧寺三寶大殿。師公在致贈捐款與松純長老合影當下，發菩提心光普照。

開山祖師開良法師偕同監院性賢法師、現任住持悟觀法師第四次布施中國四大名山（普陀、峨嵋、九華、五台）順道去智者大師道場真覺寺智者搭院繞塔及瞻仰智者大師舍利（上）開山祖師開良法師偕同監院性賢法師及現任住持悟觀法師參訪峨嵋山萬年寺普賢菩薩（下）

開山祖師開良法師參訪大陸靈光寺瞻仰佛指舍利（上，二〇〇五）。開山祖師開良法師偕同監院性賢法師及現任住持悟觀法師參訪大陸靈光寺在舍利塔前合影紀念（下，二〇〇五）

隨緣布施四大名山寺院

師公帶領信眾陸續參訪大陸九華山、普陀山、五台山、峨嵋山等四大名山、每到一處名山聖地，總是隨緣布施贊助經費，關心佛寺興修重建、佛教藝術文化古蹟維護保存以及僧伽教育安養……。

民國九十六年二月二十二日，上人圓寂，迄今已經十四年了，也建寺四十五年，我們住持師父悟觀法師，要為施工上人出版一本書以資紀念。

住持觀師父的派任工作給徐力立，要他聽寫信徒親近師公上人的經歷的故事，記錄工作時，因為不曾親近過師公開山祖師及監院性賢師父，所以筆記起來模糊，能理解聽取其中妙義實在有限，但是力立說能夠聽聞到開良開山祖師高僧大德，其艱辛的開山建寺弘法利生護法衛教的菩薩行持、傳奇的生命歷程，感到無比的敬仰讚嘆。

深水觀音禪寺創建過程歷經諸多艱辛困難，開山祖師開良師公上人，一邊建寺一邊弘法度眾，展現堅毅精神，逐一克服所有困難，一生致力於佛教教育與文化、慈善社會公益事業。開山祖師師公雖已圓寂，她的菩薩行持，將記載在深水觀音禪寺的歷史中，更是世代傳承活在信徒的心中。

力立說雖然之前未曾過接觸佛法，得樹德科技大學通識學院的因緣來到深水觀音禪寺參與觀師父的學佛講座，乃至共修，之後，即陸陸續續聽聞得知，已圓寂十多年的上人的一些生平事跡。

我每每於寺中望及上人的法像，就心存敬仰之心，究竟是何許的堅毅力量及信念，讓一位自幼失學不識字，能修持苦行達成終其一生救苦濟貧，熱心從事佛教教育、文化、公益慈善事業於不墜的使命？

暗自深覺人真的不能不信佛法，除了自我砥礪向善向上提昇外，在紛擾的世間也願能找到一條安心清涼之道。看過繽紛撒落的似錦繁花，走過流離顛簸的艱苦歲月，嘗過喜怒哀樂的人生滋味，觸過霜洗冰融的慈悲初心。廣被仁風，縈懷感恩。

深水觀音禪寺住眾信眾簡述
善女人　徐力立　略錄粗稿
方外女　釋悟觀　增刪編定

第二輯

觀音深水啟妙覺
原來美好一直都在

觀音深水啓妙覺

高柏園（華梵大學前校長）

一、緣起

與深水觀音禪寺結緣，可說既是偶然也是必然。佛說無常，一般人雖不願面對卻又不得不承認。不願面對，是因為人生當有理想，普渡眾生，常樂我淨，此乃理之當然。無論世間有常無常，生命的意義與價值是應該永續常在的。你我不願接受的，其實並非世間的無常，蓋正因為無常，所以一切都是開放的、發展的、自由的、創造的，這避免了定性眾生的宿命危機。真正讓人不願接受的，是因為無常而放棄自己應有的責任與義務。就無常而言，一切皆偶然，一切皆自由，皆是可有而不必有。就理想而言，一切都是必然，皆是你我性分之所當然，亦是恆沙佛法佛性之無量功德，所謂義不容辭，法門無二也。

我可以和深水觀音寺無緣，而今居然結緣，此中必有密意在，所謂一大事因緣，而此大事雖大，其實也就在平常日用之間，道不遠人也。

與深水觀音寺結緣，因在佛性，緣在華梵，在曉雲導師，在覺之教育，而此覺之教育又是佛性之內容，則緣與因亦可相即而無別。我非為禮佛求道而至深水觀音禪寺，是為華梵大學校務發展而來，此中卻也無私意。唯既來之，則安之，佛以公事為方便，令我輩有福得以禮佛參禪，亦是甚深不思議之善緣。是以雖因公事而往，然卻以禮佛為先，佛、理，本也；俗、情，迹也。於佛慧既有先應，則公事亦只是如是如是，無我無生，順理而行，自然成章。

二、**燕巢、深水、觀音禪**

深心無生，照五蘊皆空，成無量壽莊嚴；
水鏡夢覺，現波羅蜜多，度一切世眾生。

初訪深水觀音禪寺，由於地理環境生疏，一路探尋而至。正因如此，反而能見平日未見之種種，人生亦是如此。當目標明確，路徑熟稔，一切反就制式而僵化，純真野趣也就漸行漸遠，而終至如日夜之輪迴，天機盡失！

燕巢一名甚美，前賢詩云：「眾鳥欣所托，吾亦愛吾廬。」燕有巢如人有家，各安其居，互融而樂，相忘而化，正逍遙之妙境也。而此燕巢又築於深水之上，則於安中有大不安，於常中見大無常！唯若更思之，則玄，深也，是以深水者，玄水也。玄者，道也，是以玄水、深水皆如老子之上善之道，則水宜深矣！果此，則燕巢於深水之上，既是大無常，更是大常。若能致虛守靜，以君子居之，何陋之有？大可安之、居之，而此深水正所以淵遠流長，緜緜若存，用之不勤也！〈莊子・逍遙遊〉以大鵬水擊三千里，去以六月息者九萬里，則非深大亦不足以顯此中之無盡也。逍遙以無待為本，《金剛經》以無住生心，一如華梵大學創辦人曉雲導師盛言之「妙」，不落二邊，燕處超然，非深水之燕巢何以致之？此吾甚愛此二名，尤愛其聯名而成趣應理也。至於結穴之作，即為「深水觀音禪寺」。

深水、燕巢，物也；於物而能觀其理、體其道，慧也。逐物，迷也；應物，覺也。大乘佛教以菩薩為教，菩薩以悲為上首，此即悲智雙運，證如證悲也。如只是如，以智證如，不以智為愛，去法愛也，非去慈悲也。此佛當以悲為核心理念，此所以成就恆沙佛法佛性之無量功德也。今文殊、普賢誠大菩薩也，而中土民間則以觀音、地藏最為親切，何以故？以觀音拔苦，地藏護生也，此即慈悲的優先性。是以燕巢於深水之上，而能居之安，則非觀世音菩薩之悲心不足以安之、樂之也。觀音禪寺建於燕巢深水，偶然之緣起也，而其所以如此，正所以示此密意之無限，此又為一應有之必然也。我與深水觀音禪寺之因緣如此，禪寺與燕巢深水之因緣亦如此，於無常中常，於常中無常，應機而化，無住生心也。

三、藏風聚氣，禪茶一味

深水觀音禪寺依山而建，經山門，循溪而上，身旁茂林脩竹，溪聲好聽。即入，先見浴佛蓮池，再現大雄寶殿，兩旁廂房儼然。大殿坐東北朝西南，取西方淨土之向，而又以東方人文為本，於此，可以俯觀，可以仰望，窗花雲影相伴，悄然自適，俗情盡消。禪寺逸居山中，主殿佛殿上的「圓通寶殿」以檜木花梨木黑檀木為基調，內供奉三大士為國寶級的紅豆杉，前殿法華經變圖滿布蓮池海會四周，既有華嚴法海無盡之盛，又現天台一念三千之妙，禮佛持懺，攝受甚深。入夜，一切歸寂，獨伴明月孤輪，清風過梢，示不二慧，現大圓鏡智也。此時，尤宜獨尋寂寞，惺惺寂寂，正此味也。

悟觀法師謙沖自牧，慈悲利益眾生，禪茶知客，尤喜於大殿南廊奉茶悟禪。古人有廊、有亭，此廊亭既實又虛，既有更無，處其不二之間，是禪非禪，是茶非茶，只是如是如是。此禪茶可一人獨覺，有眾人共參，明道先生有云：「堯舜事業，亦不過一點浮雲過目」。「覺之教育」大業誠一大因緣，亦如浮雲過目，可以放下。以能放下，而能無住無礙，悲智願行俱無也。如今，華梵校務之事已不復記憶，而茶香禪味，清風徐徐，卻也常留天地，更在心田，悟／觀禪茶一味。

禪寺支持華梵辦學不遺餘力，除捐資外，更舉辦文教活動，茶會、園遊會、寫生比賽，一者募資，二者為華梵廣招學員。深水觀音禪寺有大灶一口，如大義田與眾生共享法味，餐廳簡樸，禪房雅緻，有老子儉嗇之風。有心人皆知，以其捐助華梵之力，大可金身重塑，莊嚴道場，唯住持悟觀法師自待甚簡，身為華梵大學董事長傾力興學，此可感也。每至深水觀音禪寺，總不免遙想開山祖師當年之願行與辛勞，更念昔日曉雲導師駐錫之種種：「覺樹當年向此栽，初心為待至人來；千秋衣鉢今仍在，說法誰登舊講臺。」雖欲從之，未由也已！

四、猶記天台衣室座，更念一心空假中

曉雲導師一生不建廟，不任住持，只辦教育，而以教育之耕牛自居。雲門子弟自應善繼善紹，弘揚師志。唯導師此義亦只是自任，並未規定弟子亦必如此。法門無量，雲門子弟亦宜於教育外，更承法命，更持法務，更圓法業。是以華梵雲門宜

有「僧團」，一者承天台法脈以利益眾生，二者依覺之教育之妙慧而潤生，此曉雲導師二部並進教育之不思議願行與圓境也。果如此，則凡我華梵雲門師友，皆當以無住本立一切法，傾力推動法務與覺之教育，共建大華梵法業。大華梵者，天下人之華梵也，以覺之教育乃天下人不二之法門也。一念三千，雲門子弟多才俊，當可各顯才情之盛，而成就我佛功德之無量。每思及此，不覺手舞足蹈，不知老之將至也。繼而起頌：

華梵頌：

華夏文風，仁義禮，治國平天下；

梵宇慈航，戒定慧，嚴土熟眾生。

高柏園 庚子大年初十 於淡水新市鎮

隨緣不變的守護

朱建民（華梵大學前校長）

一陣子未至禪寺，跨越時空遙想，仍能恆定地感知，正殿禮佛，大片深沉的虔敬，廊座暢談，春風拂繞的恬靜。

初見悟觀法師，儘管初見，迎面而來卻是傾其所有，當然，為的全是華梵大學創辦人曉雲導師。不思利害，毫無保留，至今依然。

禪寺乃老師父一手創立，其形迹卻隱於密近處。數十載風雨，樓閣椽柱如昔，肅穆典雅，塵埃不染。大孝弘志，苦心孤詣，其源頭活水，或即在此密近處。

求道者心中，堯舜事業，不過天邊浮雲。細瑣煙塵，稍抖即落，輕拂即散。不忍去而隨任守護，或因那曾經的因緣恩情，深重到永遠還不完。日起月落，遙望流霞，若可寄懷者，廊道之清風，大殿之靜穆。

佛門龍象——記曉雲導師與開良法師

釋修慈（慈蓮苑園長）

深水觀音禪寺開山祖師開良法師一生辛勞，除了培養幾個孩子外，又興建莊嚴大道場，真的非常不容易，值得讚美。

四十七年前，她是一位很虔誠的師姑，帶一位當年十九歲小姑娘，就是她的第三個女兒李淑華，現今的深水觀音禪寺住持、華梵大學董事長悟觀法師，來位在永明寺的蓮華學佛園就讀，親近曉雲導師。母親常來看她，每次來都帶很多東西來給她女兒供眾。這小姑娘很乖巧，當時的學佛園借永明寺的地方辦學，很困難，得自力更生，她也跟著同學們作息作務，上課輪值、星期日是李淑華她最忙的一天，創辦人導師會請一些文教界朋友教授吃飯喝茶，她必須服務在旁，還要挑糞、種菜，又要幫導師編輯流光集叢書。

慢慢地她開始習慣，也勇敢努力，樣樣都學習。蓮園畢業後，又到日本攻讀博士學位學成歸國，回到華梵大學及蓮華學佛園教書，並繼續為創辦人編輯流光集叢書。

開良法師擔子很重，一方面道場建設，一方面培養門下人望子成龍，不怕辛勞終於完成。

我們曉公導師創辦華梵工學院，開良法師也大力支持，華梵這塊幾百年荒地，必須做水陸法會，才能圓滿，我懇請舉辦水陸法會，創辦人曉雲導師婉謝，我找達宗師跟導師講，說深水觀音禪寺住持開良法師與監院性賢法師有經驗，而且辦得很圓滿，請她們來指導沒問題，導師才同意。當時談定收費，一半給華梵大學，一半給蓮華學佛園，護持佛教教育事業，這才又定下來。

開良法師很護持我們導師，我到深水觀音禪寺拜訪，她帶很多禮物、紅包去拜見寬進法師，做監壇的費用三十萬，也由開良法師支應。整個法會，由她們三人全挑下來，而且水陸法會所用的東西全部由開良法師那邊借過來。第一次的水陸法會很圓滿，有經驗之後，第二年自己來負責，直至九年圓滿。

華梵大學開山建校需要許多經費，開良法師不只做梁皇法會及義賣會，也發大心，而且為買龍潭校地，請悟觀法師在高雄找地方辦園遊會。招眾法師舉辦園遊會是無比辛勞的一件事，歡喜的是園遊會辦得很成功，募集到七百萬元，實屬不易。最讓我感動的是導師八十九歲那一年生病，悟觀法師辭掉教職，南北兩地折返來回照顧導師三年半的時間，直到二〇〇四年十月十五日導師圓寂前，都一直細心、用心地孝順、照顧導師。如今導師圓寂已十六年，悟觀法師仍然護持華梵導師的志業。

開良法師理念很好，她說，先生在時常言，培養子弟很重要，錢財再多沒有用，培養後代成就比存錢更好。她先生走後，遵照先生遺囑，栽培兒女成龍成鳳。開良法師辛苦培養，才有今天的悟觀法師，代父母師長為佛教教育服務，由此可見培養子弟人才的重要。

開良法師在世為佛教多所奉獻，正派用功修行，能上品上生，有無上功德。

原來美好一直都在

李幸長（義守大學通識教育中心教師）

從旗楠公路轉入深水觀音禪寺，於幽靜小徑盡處放眼，右邊有茂林脩竹、無際藍天雲空，左側是莊嚴禪寺，有殊勝禪風音律銅管節奏的風鈴迎客。紅塵，已經抖落在萬丈紅塵之外。此刻，是屬於心靈真我的剎那瞬間，歡迎拜訪純粹的溫暖陪伴與喜樂分享。原來，深水觀音禪寺一直都在，在生活日常的角落，在川流不息的公路轉彎處。如果不曾造訪過禪寺，就錯過親近悟觀法師的緣分，更錯過在深水觀音禪寺舞台不斷演出的禪茶藝文故事與人物。感動及讚嘆跨越了時間鴻溝，鐫刻成無數次俯首感恩的美麗記憶，那是住持師父悟觀法師慈悲分享的美善實踐之嚮往。

深水觀音禪寺由開良法師一缽一杖開山闢建，歷時數十年，又經悟觀法師接手經營得今日之規模。和深水觀音禪寺相關的關鍵字，是燕巢深水，是普陀山國清教育法脈，是開良法師，是悟觀法師所籌辦的學佛妙法如華生活夏令營。而和悟觀法師連結的關鍵字則是曉雲法師、華梵大學、國清書院、入世修行、禪茶山中飲、古琴收藏、普洱茶茶道、書法揮毫與歲時聚會。何其有幸！能夠親近具如此豐富內涵的出家長，親炙慈悲法喜，一洗因庸碌忙碌而昏沉的身心。

走進深水觀音禪寺最初的因緣，要感謝樹德科大曾議漢老師玉成。那是佛學夏令營熱鬧歡喜的季節，我因病中居家休養，悟觀法師和曾議漢老師有授業之誼，年年去禪寺妙法如華生活夏令營授課，期間穿插了大型社區慈善園遊會，兼具教育與救助弱勢家庭雙重美意。在曾議漢老師及幼嫻和妙容兩位老師學妹盛意邀請下，第一次走進禪寺認識了住持悟觀法師，認識高雄都會叢林角落的一處心靈桃花源。不管錯過多少次，不管走得多緩慢，只要在還來得及的時候，轉身迎接，就能彌補曾經的空白。

坐在寬敞潔淨的廊庭，參加妙法如華生活夏令營活動，至今難忘。抬頭，就是大雄寶殿，面對莊嚴慈悲高大的三寶佛像，有沉香、花香與裊裊心香繚繞。學生在佛前領受獎助學金，接受滿滿溫暖的鼓勵與支持。轉身，是翠綠竹林輕輕的唱誦，和著遠自天際而來的薰風，演唱仲夏最優雅美好的季節詩篇。

眼前，整座深水觀音禪寺就是千古以來傳說的劇場舞台，上演著跨越時空、接力方式演出的「薪傳」這部劇本。充滿歡喜的禪寺廊庭前方，造形古樸的石雕爐鼎，不斷用微微的香氛，撫慰所有流浪歸來的遊子之心。角樓上，音律銅管改裝而成的銅管風鈴有了感應，便悠悠懇懇奏鳴起深水觀音禪寺獨特的「一直都在」心靈交響曲。這個劇場空間，頓時豐富而多彩。禪寺前竹林輕描淡寫，召喚西天遠方繚繞的雲彩和穿梭飛舞的鳥雀舞群，角樓上任性演奏的銅管風鈴與悟觀法師充滿智慧祝福的開示，如雨打荷葉般，有條不紊一一演繹。如此層次分明，各自圓滿成一家之言，在此佛國領土精采紛呈，真能敲醒執迷之心！

妙法如華生活夏令營營隊之初衷，源自住持悟觀法師的大愛慈悲心，希望弱勢家庭的學子，在暑假期間能夠安全、安心追求身心成就，避免社會新聞所報導的因打工導致的種種不必要危險，因此在禪寺暑期佛學營隊設計多元課程，學習豐富的生活內容，追求適性成長，不但課程及食宿完全免費，結業時還提供金額不等的獎助學金予營隊學員，實質幫助學生解決生活上的困境。這是悟觀法師入世修行、生活佛學主張的一部分，法師同時也捐贈鄰近的樹德科技大學和高雄師範大學弱勢學生急難救助金，實踐雪中送炭之美意善行，感恩法師。

隨著佛學營結束，懷著無比眷戀懷念之心告別禪寺與法師，心中感受病後難得的寧靜歡喜。

原來，師父一直都在；原來，美好一直都在。只是，生活現實使人因眼前困境而遺忘許多願想，忙碌工作讓人錯過太多幸福而不自知。深水觀音禪寺初體驗，彌補了長久以來求之不得的人間靜好想像。

歡喜回味過了些許時日，禪寺緣分召喚再次響起。友善而慈悲的悟觀法師固定為臥病的當家師父，延請台北名醫蘇醫師專程南下為當家師父看診。法師心疼我為風疾所苦，遂請曾議漢老師通知我前往深水觀音禪寺候診。蘇醫師是集中西醫學理與實務於一身的名醫，在禪寺看診不收診金，但求醫者必需先證明自己具備善行、德行、能力等事跡，或是可靠之人推薦，醫師才願施妙手診治。蘇醫師與悟觀法師是多年知交，我又幸得法師引薦，數次接受蘇醫師診治，並開藥劑服用。對於日後病中調理及復健，大有裨益。最實用的心得，是深深領悟：生病，是一件很科學的事。身體缺少某些元素，或是任何器官功能不足，就是生病。治病，同樣是一件很科學的事，要用科學的方法處理，這些事情還是及時交給專業處理為佳。所以，病中的道聽塗說和偏方一牛車，應該及早掃進垃圾桶，以策身心健康安全。

再次的驚喜，是收到尊敬的住持悟觀法師邀請，邀請參加深水觀音禪寺歲末感恩「善法因緣——禪茶山中飲」茶席聚會。更清楚的描述是：悟觀法師在禪寺舉辦一場名為禪茶山中飲的道友聚會，邀請專業事茶師司茶，好茶無限量供應，還邀請古琴演奏家現場演奏，為眾道友之茶韻琴趣增添古雅情思，又有禪寺花藝設計師團隊，在現場插花盆景布置，茶韻琴趣加上花藝巧思花香芬芳，已經堪稱盛會絕美。壓軸演出，是書畫名宿李蕭錕教授現場揮毫，包括現場創造巨幅無水墨荷圖和轟動兩岸的小沙彌童趣圖譜。如此盛會，如此手筆，怎不令人神往？來不及參加魏晉時代王羲之的流觴曲水蘭亭盛會，那就參加悟觀法師的禪茶山中飲藝文雅集吧。

走向期待已久的深水觀音禪寺歲末感恩「善法因緣——禪茶山中飲」會場，優雅的司茶師正在布置茶席，金木水火土五色茶席全員出動。更忙碌的是花藝設計志工，正在完成最後布置，處處盆花錦繡，處處驚豔。尤其是廊庭中央走道，用插花盆景和各式茶器，爭奇鬥豔地排列出一條進入大雄寶殿的通道，別具巧思創意，彷彿一場小小的花藝與禪茶展覽會。禪茶山中飲聚會在悟觀法師帶領與會道友，手捧象徵智慧的香鮮花燭光三具足供養，經由花藝茶器步道，魚貫進入大雄寶殿供佛揭開序幕。法師帶領嘉賓在佛前禮佛問訊，簡單開示之後，大家瞻仰佛顏及寶殿陳設，在眾人輕聲交談及讚嘆聲中，回到廊庭開始茶藝品茗交流時間。每位司茶老師都精心布置自己的茶席，包括茶席上的五行元素與司茶人珍藏精美茶器，更令人期待的是展示今天茶席所要分享的各式陳年好茶。

司茶人有男有女，穿著展現濃濃古典民藝風格，巧手匠心所布置的五色茶席各擅勝場，反倒成為茶席啟動前的展覽品，強烈吸引與會道友的眼光。不論是精美茶具或桌面擺設小品擺件、瓶花，都能夠聯結納須彌於芥子之禪意風光。與會眾人多是愛茶之人，見獵心喜下尋樂駐足拍照、討論，和司茶人交流茶藝心得軼聞，已經有堪慰平生的饜足快意。茶席依五行之色區別，黃青黑白紅顏色，對應金木水火土五行。每一張茶席桌面也要求具備五行元素。以木元素檢視，茶席上有古樸的樹抱石小盆景；有高風亮節漪漪翠竹；有風吹原野況味的爛漫草花；有結滿小小朱紅果實的南天竹；也有馨香盈懷袖的茉莉花枝葉。茶席在眾人高論意猶未盡的氣氛中，悟觀法師入席宣布茶席開動，頓時佛前空間茶香四溢，來賓各自尋友共座，捧起茶杯細細品嘗來自傳說茶山的圓滿色香味。大殿側門前，留著長長馬尾的型男古琴演奏老師駕馭悠揚古琴旋律，高山流水絃音響起，一洗禪寺廊庭前我們一刻歡樂浮動的意馬心猿，古琴師鼓動琴弦營造心靈時空隧道，引領禪茶山中飲聚會佳賓通往思古幽懷，品味琴棋書畫式的古典文青雅趣。

在仲夏深水觀音禪寺，一幅想像已久的風景驀然成真。沉香、花香、茶香圍繞廊庭空間，身心融入茶席，耳朵陶醉於古琴琴曲的天地人三籟中。瑤琴散音鬆沉而厚重、按音細微巧妙、泛音隱約共鳴，各自風采。視覺忙碌於逐好茶而居的追茶遷徙。

唇吻之間，心滿意足地探索春冬逸品、生熟茶餅、陳年佳茗之韻味。忽見有資深茶友自備獨特茶盞茶碗，在席間瀟灑尋茶交流，根本風流橫溢、放閃懾人。悟觀法師設計每張茶席案頭立著茶帖，書明該茶席今天分享的各色名茶，司茶人提供珍藏的三種拿手好茶，台灣高山烏龍茶、六大茶山喬木普洱茶、印級陳年茶餅、炭焙包種茶、金芽滇紅，彷彿參加一場大氣淋漓的鬥茶盛會。其實還有最後一味壓軸隱藏版司茶人私房茶品，專為識途茶友溫暖準備。後來知道茶席分享的好茶，大部分是悟觀法師的庫藏珍品。原來，師父才是那位好茶無限量供應的隱形司茶師父，更要歡喜說感謝。

茶席進入忘我開懷，現場興高采烈之餘，眾人掌聲歡送古琴演奏結束。此時，同席悟觀法師又回來到席間，應我的同事林天祥老師的邀請，帶給禪茶山中飲更大驚喜與驚豔。法師即席為茶友吟唱了李商隱的唯美浪漫詩作〈無題〉：「相見時難別亦難，東風無力百花殘……。」時間彷彿凍結在法師吟唱的瞬間，原本熱鬧茶席、角樓銅管風鈴和禪寺風景裏的鳥語竹喧，忽然都進入暫時靜音模式，法師不喜亦不懼的唱誦，如月光般輕柔流瀉於廊庭空間，有旁觀千古流轉的曠達豁然幽幽迴盪著。詩歌中春蠶吐絲、蠟炬滴淚，乃至莊生夢蝶、青鳥蓬萊……種種歲月意象，似化為旋轉木馬在佛殿廊庭間來回往復隨興遊行，為法師入乎深情卻又逍遙象外的純淨吟唱喝采，更為遠至唐代的偉大詩人李商隱讚嘆。稍後知道，在禪寺住眾宏學師、宏印師和道友粉絲團眼中，法師閒暇時雅好吟唱李商隱詩作，同時也是業餘攝影師，總是捧著相機在禪寺前後捕捉天光雲影共徘徊之瞬間永恆，是不折不扣的光影追逐者，更是在臉書日日貼文分享的資深文青。在燕巢深水觀音禪寺，住著一位修佛修行，也修藝術與文化，陶醉於生活美學實踐的哈佛出家人，那是悟觀法師。

法師吟唱畢，茶席進入另一番燦爛激盪。書、畫、印刻三絕的李蕭錕教授即席揮毫壓軸上場。李教授臉上掛著會迷死人的天真笑容，瀟灑走上特別準備的書畫平台。第一次見到李教授，心底湧出一句巨響：「好可愛的老頑童！」神態謙和自在的李教授即席揮毫，精采演出是書藝、是畫藝，更是神奇的魔法。部分茶友堅守茶席，舉杯窺探品味司茶師的隱藏版私房茶。大部分茶友則圍聚在廊柱間，屏氣凝神欣賞一場由無到有的書畫創作演出。

一筆一畫、一撇一捺，在李教授筆下源源不絕躍然而出，像事先約好一樣投射在潔白宣紙版面上。以倦鳥歸巢之姿，準確又靈動地呈現最優美線條。然後，在眾茶友仰慕期待中，潑墨荷花朵朵綻放，各自出水迎風、滌蕩飄逸，似欲自巨幅宣紙荷花池塘飛舞而起。但李教授卻自稱，並沒有畫上任何水之線條。只覺滿池荷花競妍，池水自然漣漪乎其中。李教授詮釋：畫面空白處，乃世上最潔淨的佛國之水。在深水觀音禪寺的茶席席間，大師書畫揮毫，對聯、潑墨荷花、可愛小沙彌如魔法般精靈乍現。茶韻琴趣、詩歌書畫，一段豐富絕美的禪寺心靈之旅，值得深深俯首感謝，寫入珍藏的記憶圖冊。聚會尾聲，慈和溫暖的悟觀法師還為大家準備了難忘的伴手禮，眾人排隊向李教授索取墨寶小沙彌，也是無限量供應。外加法師庫藏的陳年炭焙烏龍老茶，佐回味久久之喜樂靜好心靈印記。緣遇難得的深水觀音禪寺禪茶午後時光，已經成為茶友道友們念念不忘的美麗話題。

禪茶盛會過後，身心帶著愉悅充實的感動回到生活忙碌與庸碌步調，放逐於莽原般的都會叢林深處。每在車水馬龍間、在黃昏薄暮時，翹首思念。思念那一種深水觀音禪寺茶席歡暢典雅之情調，如此安心且放心，地圖般指引著走向美好生活實踐的可能。深刻體會素心之人「偶然值林叟，談笑無還期」之詩意禪境。而在禪寺前庭隨時笑容問候的悟觀法師是最溫暖陪伴的修行長者，是在追求美善心靈路上的同行夥伴，也是隨時關心支持的如來家佛國家人。

生活才是我們最主要的工作內容，來自遊戲與創造，否則贏得了全世界卻失去生活的趣味與感動，那將是得不償失的人生悲劇。歲時節慶是生活日常最美麗風景之一。

中秋節來了，悟觀法師與念隨月圓而動，辦了月光下法會，邀請鄰近熟識的友人信眾，度過不一樣的中秋佳節。案桌香爐布置在禪寺庭院，明月高懸，爐香氤氳閃耀，眾人排成兩列，有司儀法師帶領誦讀月光菩薩經文。獨特的拜月隊伍在禪寺前庭月下繞行，彷彿走進《紅樓夢》劇本場景，模擬賈府宅院正用自己的方式儀式，創造屬於家族趣味的傳統節慶記憶。然後是短暫的喝茶寒暄時間，月光禪寺，四野寂寂，享受一種遺世獨立寧靜之美。法師一句「歡迎大家回來」，溫暖勝過千言萬語。庭院中央的供桌爐火，眾星拱月般仰望雲空間月華，霜露已經悄悄散落。深夜的禪寺，憑添濃濃如來家的味道與穩重安全，撫慰了紅塵流浪遊子苦悶的靈魂。

住持悟觀法師於二〇一四年以「博研古今雅述中外止觀明靜」為主題，在禪寺舉辦國清書院學思講堂十二場學術講座，委由高師大附中李金鴦校長負責邀請主講人，展現深水觀音禪寺的學術能量與多元面向。法師長久以來在修佛修行之餘，於教育與文化、社會思潮領域著墨甚深，國清書院講座內容博洽，完成跨學科、跨領域的豐富學術交流與專業分享。我雖在病中行動不便，但努力堅持，帶著歡喜心參加這十二場講座，獲得滿滿的充實見聞。看到海報講座主題時，就已經深深被吸引，諸如「生命的兩大課題：自由與愛」、「藝術就在生活中」、「從石牛圖談自我的修煉」、「正向轉念創造生命無限的生機」、「高雄學——談大高雄的發展」、「農產品安全與有機農業」、「煤炭是髒的嗎？」、「讀詩悟禪狂心頓歇」、「手作時光——以零碎時光成就自己的祕密花園」、「民間文學中的魚意象」、「台語雅言雅讀之應用」等等，主講人都是各領域的學者專家。講題內容實用與理論兼具、雅俗之美並陳，不論從理性科學或感性文學、心靈提升等層面，都可以找到可資借鏡攻錯的素材與養分。人生在追求美善與成熟之路勇敢前進，堅持跨越眼前面對的困境，是上天賦予之天爵，是一種不假外求、可以自己決定的純粹初心。莫忘初心有時更須諸緣和合，藉助於環境中的增上善緣。此古人所謂「十步之內，必有芳草」深意。感謝深水觀音禪寺學思講堂大力加持，透過學術講座，讓學員道友增長學養、精進德業，滋長無上歡喜心。

在舉辦國清書院學思講堂十二場學術講座期間，某日因緣殊勝，應大家的邀請，法師慈悲心大起，講授禪修靜坐止觀法門。親自現身說法，溫暖且詳細帶領與會來賓討論神祕的禪坐內涵，一一介紹：數息、觀想、守靜、誦佛號、參話頭等常見的禪坐功法，並毫不藏私以自己日日禪坐的實際體驗，為眾人示範。這一堂加碼演出的禪坐講座，應該是深水觀音禪寺空前之舉，不知是如何努力耕耘的福田，能得法師傾囊相授，分享數十年修佛修行之心得奧義？只能感謝福氣及因緣。

每逢風光明媚的春秋佳日，以小輩自居的幾位友人，最喜揪團上山探訪悟觀法師，重溫親近法師時的歡喜，同時遊賞深水觀音禪寺獨特靜好時光，陶醉於佛國專屬的寧謐、光影之美。法師總是一貫溫暖謙和，回復文青及童真玩心，陪伴眾人品茶論戰、分享人生經驗及生活樂事。法師庫藏珍品，便自然而然成為茶桌上的陳列戰利品了，大概數不清的好茶是基本款，普洱茶和武夷山茶、台灣烏龍茶都是逸品。此外，記憶深刻的升級版是：有一次法師笑著捧出神祕小罋，很大氣地發給眾人每人一株罋藏三十年的客家老菜脯。堪稱以歲月之力化腐朽為神奇的老菜脯，很神奇的一株完整蘿蔔，經三十年蘊釀後成品只比原子筆大一點點，帶著深褐顏色散發濃濃梅子香味。眾人百般不捨地一口一口品嘗，讚美甘美難忘的庶民人參。那是來自歲月大地芬芳之滋味與感動，更是第一次邂逅老菜脯之震撼。

又有一次，又是眾小輩道友品茶論戰，法師忽爾想起什麼重要的事情，便轉身進入辦公室去，掏出來一個小小紙包。回到廊下茶桌，打開竟然是傳說中的純龍珠茶，據說是很老很老的老茶生出茶蟲，而龍珠是茶蟲結出的茶之菁華，只有針頭大小，稀有難得身價不斐。「泡來喝。」法師輕描淡寫的一句話，直接跨越「大氣」，晉升「霸氣」等級。眾家小輩道友端起釃香撲鼻、濃如墨湯醬油的龍珠茶，以朝聖虔誠之心，一口橫跨色、香、味界限，再一次體驗法師附贈的驚豔震撼。品嘗過三十年老菜脯、喝過茶蟲龍珠茶，當法師又忽然端出香溢廊庭的藝妓咖啡時，眾家小輩道友已經可以勉強視為家常小茶一碟了，畢竟這裏是悟觀法師的神奇如來家佛國。

當再次經過交通繁亂匆忙的旗楠公路時，心靈導航地圖會突然浮現深水觀音禪寺的座標，就在轉身回眸的繁華都會角落。在那裏，有一種美叫作安心，有一種生活內容稱為美好，有一位溫暖陪伴的修行師父，她總是帶著滿臉笑容說「回來了，真好，歡迎」的悟觀法師。

深水觀音禪寺

許悔之（詩人、有鹿文化社長）

春日時分，太陽已經不會那麼快快落下，天空猶有亮光。我在高雄市燕巢區的「深水觀音禪寺」大雄寶殿側邊站著，望向寺埕，空中一群啁啾的燕子飛舞，時而果敢如鉛錘，時而飄忽如鴻羽。我看著看著，群燕如墨痕，快慢，虛實，偶爾的視覺暫留如同飛白——燕子，在虛空中寫字。

從午後到薄暮時分，我都是一名學生，聽禪寺的住持悟觀法師說《法華經》：諸佛如來護念大乘心菩薩、行者之誓願、大乘心菩薩是「如來使」……。法師為我勾玄了《法華經》諸品與菩薩修行的次第，以及菩薩如何「入佛知見」。偶爾，悟觀法師也說一些《華嚴經》相互參照。

這次來禪寺拜見法師，其實我是帶著編輯出版的想法而來，出版法師《般若與美》之後，這一天，我向法師正式提出邀約一本《法華經者》的構想，盼法師能動筆完成。也因為知道法師的藏印之中，有「法華經者」和「如來使」之印，我遂敬詢法師是否可以從「洗心室」取出，讓我拜觀。

看到許多台灣、日本印人所治之印，包括李蕭錕先生所治之印，忍不住慢慢欣賞。其中有一些印，印面並沒有清理得很乾淨，我遂請法師給我牙刷和棉布、絨巾，開始清理起來。

出家人總是親力親為領眾，雅好藝術的法師也一起整理印章，我看到一方李蕭錕先生所治之「一即一切」陶印，忽然停了下來。每一方印章之上，或肖形，或與佛教有關的文字，總是引人深思，「一即一切，一切即一」是六祖惠能的話語，在那整理印章的時刻，因為沒有預期看到「一即一切」這四個字，突然覺得有重新的認識——對時間，對空間……。

右手拇指起了小水泡，差不多一盒印章整理完了。我向悟觀法師說，「法華經者」和「如來使」二印，容我借回台北鈐印，日後用在《法華經者》一書的設計。

夜裏了，禪寺的晚課終了，我想起下午喝「金駿眉」之前，一隻小貓趁茶几無人，爬了上來，用嘴用足觸碰了我的甜點，想試探是否能吃，而那時我正走回茶几，小貓定定地看著我，就突然如煙奔跑走了。那一刻，我覺得一絲心痛——生生世世以來，我不也如同一隻飢餓野貓，既渴且餓，忽而此生很快也會過了……。

為渴愛河，漂溺生死大海；因飢覓食，煮沙欲成嘉饌。

風鈴聲——山中話禪意

林天祥（義守大學通識教育中心專任教師）

初次到深水觀音禪寺是李幸長教授的邀約。

平日幾乎不到寺廟參加活動的我，由於幸長待人和氣又熱情的緣故，推託辭謝，不近人情。

「深水」這個地名，讓我有一種莫名迷戀的想像，平日本就喜愛親水，旨在聆賞澄碧泠泠流動的喜悅，加上李白〈贈汪倫〉詩句「桃花潭水深千尺，不及汪倫送我情」，讓人聯想「深水」的人間深厚情誼。

其實，「深水」離我住的觀音山，並不甚遠，只是平常深居山中，不知山外有山，此次經由幸長的指引，才有因緣得知禪寺佳境。

到達禪寺，迎風而來的是清脆盪人心胸的風鈴聲，那鈴聲，不知何處來，不知何以如此空靈動人，循聲得源，它在右邊三樓上迴廊，輕輕擺盪，讓生性有點怕生的我，頓時產生一種親切感。

「一期一會」的茶宴上，茶師、樂師以及賓客都已上座，只見「她」在人群裏，忙上忙下，手持相機，這裏拍，那裏拍，像是茶席間跑堂的勞務出家眾。後經介紹，方知是深水觀音禪寺的住持悟觀法師，真是有眼無珠，不識泰山，這也讓我真正領略「俗而不俗」、「離塵不離俗」的真諦。

在那次茶席中，李蕭錕老師論及「有」與「空」的義理。他拿起手機擺在桌上，指著手機示現說：「這有形、有相，摸得著，看得見，這是『有』。但經過時間流，它會壞，然後消失，這就是『空』。」這時住持法師走來說：「有、空，不二，豈只空有之二？」此說有如風鈴清越的聲音，迴盪我的腦際。

這位「悟觀法師」，「她」能寫詩，能吟能唱，尤愛攝影，將平日所觀，所察，所悟，圖文相互發明的形式，點出常被忽略且不起眼的花草、樹石、景象，以平實的文筆，翻出一番淺顯易懂的生活哲理禪學來，如此系聯《般若與美》，且真切呈現「法在世間」的要義。

「她」愛茶，愛陶藝，愛古琴，愛吟詠，愛詩，愛攝影，愛人間凡人語，然後轉出對「佛法——止觀研心」的深刻修行，像高高掛在迴廊上的風鈴，日日夜夜，歲歲年年，迎風迴盪著清脆悠揚的音聲，像一種親切的演示，說「見而可見」，「聞而能聞」，說法如此，修行如此，如是烙印在心中，如是超越又內在，此便是人間處處繁花盛開，悟觀法師說的「寶鈴千萬億風動出妙音」。

我在觀音山，與深水觀音禪寺，雖隔了幾重山，其實感覺是近在咫尺，每當腦海裏隱隱傳來「風鈴聲」，都像是時時提醒塵俗的我「法在人間生活中」、悟觀法師常常說「寶鈴千萬億風動出妙音」。

林天祥二〇一九・九・十二於觀音山

深水觀音禪寺就像媽媽在的家

林思伶（高雄市前文化局局長）

我是基督徒，我喜歡深水觀音禪寺。
我是基督徒，總是造訪深水觀音禪寺。
明明是一樣的地方，一樣的大雄寶殿，
但每次到此地，都要拚命拍照。
總覺得，轉角就會有美麗的驚奇！
我與悟觀法師先成為臉書朋友好一陣子，才認識法師本人。
我們第一次相遇，在正式的華梵大學會議上，
除了為校務發展的集思廣益，沒有太多個人對話。
但是，我們拿著《般若與美》拍了合照，在我的要求下，

彷彿注記著未來不淺的緣分。
第一次造訪深水觀音禪寺，法師與禪寺原本兩個獨立的個體，
就完整結合起來。
我說「完整」，因為，
剎那間，人、事、境全都到了位。
第一次踏進二樓的圓通寶殿，仰頭四目張望，
哇！那麼美麗的畫像、飛天，訴說著動人的故事和美妙的佛法，
哇！禪寺竟也有像展翅的天使，其實是飛天，
這麼熱鬧，又這麼熟悉。
我的內心說，
想「坐」在那兒，想「逗留」在那裏，
安住在那個順服、平靜的地方。
我是基督徒，卻愛造訪深水觀音禪寺。

每次到訪禪寺，總有好話頭，
從華嚴、法華到基督與聖母媽媽，
偶爾還來點量子科學配香濃的岩茶，
臨走前，手上又是食物，又是禪茶。
似來自母親的手鍊、姊姊的紅包，
樣樣都是叮嚀和祝福，還帶著一些的放心安心。
其實，沒能忘記帶在心上離開的是，
那敲響心音的風鈴，噹噹蕩蕩。
那每次對話間響在背景的音樂，是師父的梵唄與山居詩的吟唱。
我是一個基督徒，卻愛回到深水觀音禪寺。
那高高長在右邊樓高的棕櫚，
尊尊微笑迎人的偏頭佛像，

彷彿說著，再回來呀，再回來。
而我，到了週末，總也計算著，何時再回去，
回去看看菩薩乾媽，法師姊姊和聰明可愛的小弟弟，就像回娘家！
我是一個基督徒，卻有一個深水觀音禪寺像媽媽在的家。
至今，我仍然好奇而敬佩的還是那未曾謀面的師公菩薩。
我總揣想，那個時代，那一年，
她，一個女子，哪來的強大念力？哪來的如同菩薩誓願心裏的勇氣和信心？
默默建造了一個這樣的深水觀音禪寺！
感恩啊，師公菩薩，
您建造了一個基督與佛陀相遇的美好境地。
我是基督徒，愛上美麗的深水觀音禪寺。

佛前夕照——深水觀音禪寺印記

林素玟（華梵大學佛教藝術學系教授）

已記不得至深水觀音禪寺有幾回了！

猶記得第一次到禪寺，是與華梵大學主管們，自台北南下左營，再搭禪寺的車輾轉到達時，爬坡拾級而上，便聽見隱隱梵唄之聲。隨即跟著大眾腳步，進到大殿，融入正在進行的法會中。大殿前後左右均是華梵的教職主管，分男眾、女眾兩側排開，靜靜誦讀《普門品》經本。肅穆莊嚴中，有一份親切之感。直到法會暫告一段落，靜待下一個活動來臨前，有機會在大殿四周悠閒地漫步，欣賞這座在華梵聞名已久，董事長悟觀法師住持的深水觀音禪寺。

禪寺小巧精緻，大殿供奉三世佛，陽光灑入殿內地面，增添古樸沉靜之幽謐。據說禪寺自開良法師開山時起，即不對外開放，要拜見師父的訪客，需事先聯繫安排。很喜歡這種遺世獨立的感覺，讓禪寺成為真正修行的道場。緩緩漫步一周，但見寺後山坡上林木蓊鬱，各色花草植物，是董事長悟觀師父及弟子們鏡頭下最常觀照攝影的對象。寺左有長條形大桌及若干椅子，樸實雅潔，是董事長師父與訪客參禪論道的品茶區，展現禪寺的宗風。自宋代以來，寺院道場即流行禪茶風氣，高僧多半深諳茶道，以茶入禪，接引眾生。董事長悟觀師父一方面傳承曉雲導師的古風，二方面因留學日本十多年，對茶有極深研究與極高品味，茶區成為師父接待華梵同仁們的場所，同仁們的歡笑聲總是充滿聚集在寺左這一隅。

之後的幾年間，是華梵大學轉型變動最為劇烈的時期，有機會經常來到禪寺，一則因擔任行政主管，陪同校長到禪寺向董事長悟觀法師報告院系轉型現況，一天之內匆匆南北往返。另一原因，則是參加悟觀師父為傳承華梵大學「覺之教育」所舉辦的各項活動，包括創辦人曉雲導師圓寂紀念會、各種法會、義賣園遊會、禪茶山中飲、歲末感恩餐會，以及悟觀法師《般若與美》、《法華經者的話》新書發表會等，偶爾有兩天一夜掛單禪寺的機會。從這些活動中，深刻感受到悟觀師父與南部地區學術界、藝文界、佛教界的密切互動與影響力。華梵大學能得一位藝術品味極高的比丘尼學問僧帶領，無私地奉獻、傳承曉雲導師「覺之教育」的百年大業，心中非常慶幸，也十分感恩！

每回到禪寺來，總見董事長悟觀師父忙裏忙外，不是在廚房準備大家的齋飯，就是在二樓大殿或偏殿舉行六藝禪茶，凡事親力親為，務求賓客能獲得心靈饗宴。記得有一回參加禪茶山中飲，一陣陣頌缽聲讓大夥兒沉澱心神，接著傳來古琴渾厚的音韻，大夥兒安靜地聆聽，左右手挑、勾、掐、吟，清晰可聞。茶侶送上古樸陶盞，品一口茶香，入喉甘滑。靜靜欣賞香道老師展演的隔火薰香，第一次品香，即被芽莊的淡雅甜香吸引住了！最後由李蕭錕老師與黃智陽院長等書法家寫春聯贈與來賓，眾聲歡笑，洋溢偏殿，感恩董事長親自策畫這麼有意義的活動。

總喜歡在活動結束後，獨自一人站在二樓大殿外的陽台上，靜靜欣賞遠方的景致。也愛在臨去前，至一樓大殿佛前頂禮三拜。望著大殿內，夕照餘暉灑落佛前地面，彷佛望見匍匐跪拜的自己，心靈被佛前夕照滌除淨盡。

南部四季如春，氣候炎熱，夕陽餘暉猶自熱情地照耀著，一道道金黃色光芒灑落在大殿佛前的地面上，更增添禪寺的古樸深邃。每逢夕陽西下時，也提醒著南下的我們，心靈饗宴又近尾聲，是該北返的時候了。

佛前夕照的顏色及光影，不時地變幻更動，我們知道：時間更晚了，即將發車前往左營高鐵站了！同仁們陸續上車，依依不捨。我跳上大巴士，每來禪寺一遭，擺落紅塵雜染，生命總又有了新的體悟。董事長悟觀師父總站在車旁，開懷微笑地和我們閒聊、揮手，目送我們的離去。望著師父清癯的袈裟身影，心中默思：以悟觀法師的德行、學問，堪稱台灣中生代比丘尼中的佛門龍象，未來在台灣佛教界，定能攝受諸多有緣眾生，成為一股清流，為社會發揮淨化人心的巨大影響力。我們能與善知識結下如此深厚的佛緣，應該是前世修來的福報吧！

與深水觀音禪寺的因緣記事

陳振崑（中國文化大學哲學系教授）

後學在任職華梵大學哲學系十五年（二〇〇四至二〇一九年）的最後兩年，有幸受邀偕內人參加董事長悟觀法師在高雄燕巢深水觀音禪寺所主辦的歲末餐會。兩回與學校行政同仁們一起接受悟觀法師高規格的招待與慰勞，雖深感受寵若驚，但亦留下幾許至今記憶猶新的片段印象與點滴心事。

當從台北搭乘高鐵，再轉搭接駁專車抵達禪寺門口下車的那一刻，後學無意間瞥見禪寺的外牆二樓欄杆油漆剝落已久的情狀。起初有些困惑，心想禪寺的經濟狀況應該不是問題，何以未整修寺院門面？轉念及悟觀法師陸陸續續慷慨捐獻給華梵大學辦學的數千萬善款，不覺感動無以名狀。古人說：「人不可貌相。」禪寺何嘗不然，辦學何嘗不然？

兩次的歲末餐會正值學校受少子化衝擊，招生與經營漸入困境，行政同仁們心中承擔的壓力與苦楚可想而知。然而悟觀法師用心規畫與交代活動，自始至終給予同仁全然的支持與鼓舞，從不見要求與責備的語氣與神色。在迴廊摸彩贈送禮品時，人人有獎，大家歡樂鬧成一片，心裏對於學校危機的虛欠與擔心，一時被悟觀法師如陽光燦爛般的爽朗笑聲釋放了！只覺得壓力盡消，重新有了奮發的動力。聽聞美雲護持無私的慷慨奉獻，動則上千萬百萬，想必定是受到董事長悟觀法師修行辦學的精神感召所致。又看見小朋友們汗流浹背，在烈陽下的前庭賣力地舞獅獻藝，悟觀法師親切地分送紅包並接待小朋友休息，純然是修行人的慈悲。回首曉雲導師創辦華梵大學，恰似揮灑一幅超脫人間利害計較的山水禪畫，亦無非是建造一座用出世宗教熱誠奉獻入世教育志業的修行道場。

在圓通寶殿禮佛的莊嚴進行間，聆聽繞梁之古琴弦音與壯闊的梵唄吟唱，後學封閉纏繞已久的深層心扉一時頓開，不覺興發思古慕道之真性幽情。容讓吾人的懺悔、修省與發願，以及諸佛菩薩的慈悲護祐，就在藝通於道的神聖空間中沉靜貞定而流暢貫通。而茶席花藝的布置，茶師們眉目姿態舉止的專注、安閒和優雅，茶味的清香，釋解了後學多日來的擔憂與焦躁的心情。這一切貼心的安排，讓人體會出日常生活中的喝茶活動，亦可以成為禪定工夫中的重要一環。加上陪伴著茶席的古琴演奏，一時頓覺眼、耳、鼻、舌、身、意一起受到洗滌與昇華，具象地心領神會曉雲導師集藝術家、宗教家與教育家於一身的身範德行，與其一生體現耕牛、蓮花與蠟燭的精神象徵，足以開啟吾人菩提心、般若智、菩薩行的覺智人生。最後，由書法家們的翰墨揮灑每一位同仁們心中各自新年度的祈福與願望，為活動畫下充足圓滿的句點。

後學一生以復興中國哲學文化為職志，有幸認同曉雲導師儒佛會通的教育理念以及追隨勞思光教授的文化哲學志業而投身於華梵教職工作十五年。今日雖然不得已遭逢學校轉型而轉任中國文化大學哲學系教職，但仍然秉持對於曉雲導師教育理念的認同，願意繼續為護持華梵的教育志業盡一份心力。後學與悟觀法師原先並非熟識，有幸兩次的因緣聚會，謹以片段的印象與心事記錄心中的感懷與感恩，並祝福深具教育理想的華梵大學在台灣高教的危機中能夠轉型成功與永續發展。

午後觀音禪寺

陳貞吟（高師大文學院國文學系教授）

許久未來到深水觀音禪寺，但心中常念，許是那兒的清淨，佇足心底。今日因緣美好，在禪寺品嘗師父珍藏的六安好茶，享用美好素餐。午後，在廊檐下閒話，得悟觀師父贈書《般若與美》，好書、好字、好印，相得益彰。清風徐徐，歡談晏晏，感受著一切美好。

童年我膜拜著觀音，喜歡這尊纖秀的佛像，我一直以為是深水觀音，師父說是日本國寶，京都廣隆寺的微笑彌勒菩薩。好美！

陳貞吟二〇一九・十・十一

書，法，禪，寺

陸人

總在春日，燕子低迴，聲音引路時經過山門，去了人世裏安然一角的禪寺，拜見觀音。

記得那是從高雄市區曲折向鄉野的燕巢地帶，一所大學路邊的石塊蹲伏了鄭愁予的詩句，小七和狗和花和許多農舍，陽光裏開闊而安靜，是種相近又無所謂遙遠的相逢距離。

雲在山裏，山在廟裏，廟在心裏，心在廟角簷下，隨著風鈴清清脆脆。黃昏與日落，燕子的低行敘述了來或者去呢？站在寺院的中軸，大雄寶殿紅白相間的廊下往前望，庭前是宜蘭卵石，微塵黑亮而靜默，悉達多太子釋迦牟尼在不遠的山坡，孩子一般，站在黃澄的屋頂指著天和地。山門之外，竹林搖曳許多露珠。

從高空俯視深水觀音禪寺的座落，一衣輕盈引帶入囊，那是個蓄氣的山凹，寺院順坡而立。

山，是小山，說是像整出來的，一個「ㄇ」字，上有小道來回傾斜，許多南洋杉五葉松參天青翠。山下有園，似蓮池海會，亂石堆疊一座神龕，流水嘩啦，清晨裏細耳聽去，錚然有韻。林苑色彩斑斕，垂枝茉莉優雅如處子，羅漢松竹柏自在伸舒，紅竹挺拔，亂石引路，鋪就昨夜露珠串串晶瑩。

寺院以黃、白、紅的屋瓦、壁面、圓柱為主，中間鑲了原木舊式窗框，大雄寶殿之外是左右相隨的靜修廂房。庭前廣場，左右兩頭北方石獅靜臥。順著略略傾斜的山坡而下，山腳仍有建築，臥佛在其中，文殊菩薩騎獅，普賢菩薩坐象，觀世音菩薩含目竹林，綠地如茵，水池湧現許多蓮花，襯映著蓮池海會。有光的午後，我看見園丁穿了長靴，拉著長長的塑膠管灑水。

明清科舉，有一種專用字，叫館閣體。寫在卷子上的字，要正要方要一樣大，墨更求個黑亮，不然閱卷大人不會看，文章再好都沒用。字是漂亮的字，卻不好，因為規範了，看不到書寫者的心。

我有時寫點隸書，漢代主流的隸卻很少寫，雖然那種字也很美。壓低了高度，水平的線條裏，就見趙飛燕輕輕甩了長長的袖子，但我喜歡的隸，還是秦漢間快寫的篆，那樣有了隸的眉目又相當隨性的長短撇捺。

規矩是種入門求道的法，卻不是唯一的法。

許多冬日，帶了筆墨去了禪寺，進了不二門，經常埋首書寫，有時宣紙上巧遇憨山，《華嚴經》、《法華經》句，跟七、八十歲的同學說著筆墨與種田的事。有時和師父們在大雄寶殿龍邊的廊道喝茶，聽聞茶香伴隨後院水流輕淺。有時一個人放眼廊外，看許多雲卷雲舒，光影裏浮現一朵蓮花。有時慢步佛前，看香爐裏，香根的排列井然與意識無心的存在。日升日落，風搖醒寺前竹林，虎邊山腳，掌葉蘋婆樹蔭下的菩薩時常靜默，不知幾時葉子落了，幾時葉子綠了。

深水觀音禪寺五律二首

吳東晟（乾坤詩刊古典詩主編、大學兼任教師）

〈謁深水觀音禪寺〉

觀音一瓶水，聞苦四時傾。露湛疑無住，花開覺有情。

浮游隨念止，慧智順緣生。珍惜菩提種，何由寵辱驚。

〈禪寺聞琴〉

佛傍端坐處，高士奏絲琴。暫洗世聽耳，來觀圓智心。

幽聲得山水，古調聽浮沉。念止塵勞息，餘音付細吟

親近法師的感覺

施繼堯（陶藝家）

悟觀法師給人一種很親近的感覺，即便法師地位崇高。

法師言行如一，以簡單的語彙讓人能夠了解高深的佛法，身體力行並且以教育讓眾生能夠了解更多有關佛法的教義。

在和法師相處的日子裏感覺到心情的平和，是一位讓人發自內心尊敬的長者。

深水觀音禪寺的美學體驗

何立智（華梵大學前防災與景觀設計學系助理教授）

在華梵大學服務的期間到深水觀音禪寺的次數並不多，回想起來只有兩次，但到訪的第一次就讓我有深刻的美學體驗，這是與國內其他寺院非常大的不同。

記得當天是華梵大學的歲末感恩聚會，董事長悟觀法師精心安排了一系列的活動，但我印象最深刻的是茶席所呈現出的氛圍與美感。茶桌上簡單、禪味的布置，茶師不疾不徐的動作，逐漸地讓這群參與者的心安靜了下來，透過一品一品的茶讓我們的味覺在奇妙的感受中進行轉換，唱誦撫琴的安排讓我們的聽覺甦醒，這整個過程會讓我們的身心經歷了一場洗禮。

我覺得深水觀音禪寺以五種感官的美學體驗，來喚起我們對身心的覺察是一種非常自然、超俗的經驗，與過去到寺院的感受相當不同。這種獨到心法我相信更能使大眾自然地接受寺院的環境，進而感受佛法。

如實洗心滌慮發虔誠即是隨心滿願

徐力立

在深水觀音禪寺共修誦經時，經文裏常會出現一段「咒」，《心經》中有「心咒」，《阿彌陀經》中有「往生咒」，《藥師經》中有「藥師咒」，這些咒背起來沒問題，但「大悲咒」對我來說不僅是一座山，還是一座陡峭的高山，雖只有八十四句，但前後句的相接，似重疊又非重複，似相近則又相遠。若我年輕應難不倒我，但歲月總是不饒人，要背得滾瓜爛熟談何容易？因咒文內有許許多多的菩薩，心想這是包含了多少的功德、願力與加持，我怎能不虔心專注地持誦呢？所以在禪寺共修的晚課時，我仍是得邊看咒文邊誦的情況下，很認分地繼續爬這座高山。

後來我發覺有一個咒很不錯，我沒唸幾遍就背起來了，我想在還沒背熟「大悲咒」

前，先用此咒隨身帶著走，那是共修誦《藥師經》都會連帶誦的「解冤咒」：「解結解結解冤結。解了多生冤和業。洗心滌慮發虔誠。今對佛前求解結。藥師佛。藥師佛。消災延壽藥師佛。隨心滿願藥師佛。」這真是一個易懂易記的咒，持誦此咒可消除過往冤親債主所引發的人際困擾和身心不適，也是祈求滿願的咒。我深信「洗心滌慮發虔誠」與「隨心滿願」有絕對的關連性，因為若無徹底洗滌心思與摒除雜念，即使於佛前再如何的虔誠祈求，又怎能隨心滿願呢？當我面臨身心不舒服，或遇人有莫名的疏離感，或與家人不睦，或處事不順等等，就是我在心中懺悔與發至誠之心於佛前跪誦「解冤咒」的時候。外出時也如是，因心中自有壇城，能唸多少遍就唸多少遍，哪怕就只唸一遍都會是很好的，這也是「洗心滌慮發虔誠」的真諦。

深水觀音禪寺住持悟觀法師總是親切領眾且光耀眾生，信徒們皆知師父在禪寺有一「洗心室」，但若把不具相的「洗心」代換成具相的「洗心室」時，我無從想像那會是何等的清心景象！我只能默默告訴自己，一心謹守除妄心、滅雜念，因為一即一切，一切即一，無論在何時何處，一時具足，即是圓滿顯現的不二心法。

初次到深水觀音禪寺

胡文琪（華梵大學體育室老師、基隆商工學務主任）

回想起第一次張老師帶著我來到燕巢深水觀音禪寺時，一下車，環顧四周，真正是一個「好所在」（**hó-sóo-tsāi**）。話說，知我者莫過於張老師，第一次去禪寺就碰到下雨，我看到大殿旁的瓷磚地上有漏雨，很自然地拿起抹布一直擦，張老師就替我跟悟觀法師說：「胡老師退休後可以來這裏當義工擦地板。」我聽了極開心，這是多麼大的福報啊！

來到深水觀音禪寺，能看到壯觀的梅花灶，還有好多尊的石刻佛像，令我難忘的是吃到悟觀法師親手熬煮的深坑豆腐水果蔬菜湯品。哇！天然的素食料理也能這麼好吃。尤其，我最喜歡坐在深水觀音禪寺的石椅上，當微風一吹就會發出優雅的風鈴聲，整個人是舒服的，感恩開山師父的辛勞，前人種樹後人乘涼，感謝宏音師父和宏學師父及淑美師姊還有好多的師姊，因為參加活動每次去禪寺，都讓大家好忙碌，此時讓我想到的是導師和悟觀法師，感謝！

曉雲導師艱難地創辦了華梵大學，感謝悟觀法師在少子化的時代承擔了華梵大學。

法師慈悲的笑容

朱育賢（台南藝術大學老師）

記得我還在就讀台南藝術大學中國國樂系時，跟隨著范李彬老師第一次感受深水觀音禪寺的靜謐，更難忘初識悟觀法師，師父臉上掛著慈悲的笑容及殷切的叮嚀，讓我倍感溫暖。

而這顆因緣種子，竟已種下二十年之久！這二十寒暑以來，我的人生幾經波折，師父總會在最關鍵的時刻，捎來關懷的問候，提筆至此我心湧上一股暖意和萬分的感恩。

感恩師父的智慧如光。

感恩師父的慈悲如露。

南無大慈大悲觀世音菩薩。
南無大慈大悲觀世音菩薩。
南無大慈大悲觀世音菩薩。

從望文生義到望文興嘆

徐力立

常常覺得佛法太浩瀚，很難窺其奧祕。然，人一天中會有經歷不同情緒的時候，往往當執著、封閉、不滿、看不順眼、聽不順耳等等習氣上身時，心靈就有如一艘在汪洋中隨湧浪擺盪的小船，心處在不平靜下，接下來的言行很可能就會對別人造成干擾。這使我想起剛來深水觀音禪寺共修時，每當要誦《金剛經》時，都會被此經的名稱震懾幾秒，腦中出現的竟然是龐大無比的無敵鐵金剛圖像，哪怕只出現千分之一秒，也足以讓我當下的心神鎮靜下來。於是我找到了對治不良情緒的方法，就是只要腦中浮現《金剛經》封面，高大壯碩的無敵鐵金剛就會跟著出現，我就會冷靜。

後來我陸續重讀《金剛般若波羅密經》，總算有了進一步的認知，應是教化我要勇猛地突破人生各種關卡，若持續修持，就能成就堅硬不壞的本質，此時我心中好似又出現一個無堅不摧且有著ＡＩ智能的無敵鐵金剛，能打擊萬惡並破除一切阻礙，進而達到永恆安樂的境界。或許是我望文生意的毛病使然，總是停留在把無敵鐵金剛與《金剛經》畫上等號的地步。不過我想這樣也好，若我無法與自己時不時泛起的不良情緒和平相處，一物剋一物倒也相安無事。

直到某一天，我在觀音禪寺共修時再次誦到《金剛經》，對於佛與長老須菩提之間「高來高去」的提問對話中，突然發覺原來整部經文都是在講無具相的意涵，前半部說眾生空，後半部說諸法空，「應無所住而生其心」，剎那間有如晴空霹靂般的一道閃電打中我的頭，腦中一片空白，這是一個什麼樣的高超境界？而我心裏竟還一直住著無敵鐵金剛，此時一陣燥熱從腳底升起直衝腦門，兩眼發直盯著經文不眨一眼，耳邊雖仍聽到法師們帶領信徒的誦經聲，我卻早已慚愧地不知其所云為何。

原來「凡所有相皆是虛妄」，眾本具菩提心可自性自度；原來「說法者無法可說，是名說法」，法如竹筏渡河到岸即捨，心悟可意會而無可言說；原來「如來者，無所從來，亦無所去，故名如來」，如來是真性自如，隨感而發；原來我竟是因著無敵鐵金剛，而能稍稍領悟到「一切有為法，如夢幻泡影，如露亦如電，應作如是觀」的緣起境域。我想《金剛經》之所以名為金剛，應是金剛為最堅硬的金屬，能斷萬物，以此譬若常誦此經，可斷除貪欲惡習和種種顛倒虛妄之見，所以這意味著我跟無敵鐵金剛是該告別的時候了。事實上我對《金剛經》內容所說的精深義趣，猶待不斷地深入參透，但從望文生義演進到望文興嘆的這段驚異歷程來看，經義之深，不可推測、不可思議，望文興嘆還不足以形容我對此經的敬仰之心，說我對《金剛經》這種擺脫世俗觀念的妙理思惟方式為之傾倒，是一點也不為過的。

我能到深水觀音禪寺共修，實屬美好因緣，誦經一小時休息半小時的步調，讓我可以到處瀏覽山景，觀賞優雅的植栽，也可靜坐沉思剛剛所唸經文的深義。中午有好吃的午齋，有時禪寺住持悟觀法師還擺茶席，隨意開示法師說的「甘露見灌」，招待信徒大夥們一起喝法師說的「味味一味」的好茶，一起感受歲月靜好的心境。感謝悟觀師父！感謝深水觀音禪寺！來到深水觀音禪寺後，我很清楚的是，宗教信仰過程是必須經過與自己內在有所相應，並與透過自己對人生意義的追尋息息相關，所以我就把觀世音菩薩的圓通妙音放在心裏養著，是常養也是長養，是自然養成也是養成自然，養著養著我就養成了一顆向佛的信仰心了！

我於深水觀音禪寺共修時讀到課誦本中的一則讚佛偈——「天上天下無如佛，十方世界亦無比，世界所有我盡見，一切無有如佛者。」這真的是我當下對佛的最好注解啊！

誰識其中端的意

必伍

看華梵大學董事長悟觀法師的臉書，總是有多方的啟迪。其中一則法師談天台性具善惡思想時，我的覺受：

一〇九年三月七日

初夜。回洗心室時夕陽餘暉灑落在法卷上！啊！誰識其中端的意。

南無大慈大悲觀世音菩薩！在於閒處修攝其心，喝口老茶，蒲團座上討個工夫。

天台性具善惡思想！

問。闡提與佛斷何等善惡。

答。闡提斷修善盡但性善在。佛斷修惡盡但性惡在。

問。性德善惡何不可斷。

答。性之善惡但是善惡之法門。性不可改歷三世無誰能毀。復不可斷壞……。

問。闡提不斷性善還能令修善起。佛不斷性惡還令修惡起耶。

答。闡提既不達性善。以不達故還為善所染。修善得起廣治諸惡。佛雖不斷性惡而能達於惡。以達惡故於惡自在。故不為惡所染修惡不得起。故佛永無復惡。以自在故廣用諸惡法門化度眾生。終日用之終日不染。不染故不起。那得以闡提為例耶。若闡提能達此善惡。則不復名為一闡提也。

（《觀音玄義》T34，882c）

「觀世音」：照窮正性察其本末為「觀」也，所觀之境「世音」也；境智雙舉，能所圓融有無兼暢。

「玄」者幽微難見之稱。「義」者深有所以也。

釋「觀」字有二：

初中邊妙達，能所圓融中智也，有無兼暢二智也；只於一心雙遮雙照，於照中時即達二諦。故云兼暢。是則十界言音即起即觀常遮常照。

二照窮下修性俱明。照窮正性見性德也。察其本末見修德也。此約妙境顯其妙智。本具三千雖即三諦。對修故合但云正性。修中緣了各有本末。

合掌低頭緣之本也。福德莊嚴緣之末也。一句一偈了之本也。智慧莊嚴了之末也。

順修既爾逆修亦然。造惡之時慧數諸數。豈非其本。受苦之時習果報果即是其末。若以修性論其本末義復臻極。性德三千語本方盡。修起三千論末乃窮。非上三智莫照斯境。非此妙境莫發其智。函蓋水乳聊可方之。

釋「世音」：即十界眾生遭苦求救。稱名等音也。是所觀境者。上之境智皆是能觀可譬槌砧。此之世音可譬淳樸。非前境智觀此世音。焉令十界俱脫三障。又復應知前之境智。即是菩薩難思體用。即能應也。世音之境乃是眾生由苦成機。即能感也。此即境智及以感應。三字之中悉得成就。萬像等釋世。類音殊唱帶世釋音。俱蒙離苦致感獲益。

（《觀音玄義記》T34第一卷）

我留言說：一呼一吸，念念相續，玄觀妙義，巨細靡遺，悟觀釋音，乃觀世音，境智圓通，心包太虛，量週沙界。

悟觀師父，吉祥必伍向您合十。

禮敬　問訊

黎明前寤寐迷離間，細細恭讀師父開示，慈悲滿溢油然而生，如闇黑中有人微光點燈，念定念止於悲智寧靜，海匯澄清。

眾生由苦生機，菩薩苦厄中生。

必伍感動萬千，頓首再頓首。

悟觀師父　吉祥

向　師父合十問訊

師父的一口禪茶，嘗出了天地潤合萬物得以生生不息的覺味。

昨日下午與新朋友分享了悟觀師父二六時中念殷切的臉書頁時，她驚喜讚嘆當下收到虛空中的消息，法喜充滿地說：「悟觀師父有著內蘊強大的般若智能量。」這位如來使，擁有不可思議的感知力。這世間，法界總有巧安排。

必伍　合十深揖

觀音菩薩在哪裏

徐力立

依山而居的家，若不是發覺日出位置已漸南移，才猛然知悉已近秋末，因為讓我醒來的竟是未全拉至閉合的落地窗簾，原來射入房間的明亮晨光，「喚醒」人的能力不比鳥兒差。於是起身漱洗後行至佛堂，在充滿陽光的佛堂裏向四周張望審視，深感此時光影的美好。這時女兒步出房間朝樓梯走去，也許是看到我東張西望的樣子，她邊下樓邊笑著說：「觀音菩薩在哪裏？找到了嗎？」我沒好氣地幽幽說：「菩薩不是用找的，是恭請的！」「是啦！是啦！我只是開玩笑！別緊張！」我哪是緊張，我只是一時被「在哪裏」這語句怔忡了幾秒，有點迷茫也有點熟悉，後來終於有了答案。

在我還沒來深水觀音禪寺接觸佛法的時候，認為佛菩薩像是其化身，當我知道原來十方法界裏有無量無數個佛菩薩時，心想那佛菩薩像豈非塑不完也刻不盡嗎？

我接觸佛法後才懂得佛本無相，萬相由心，供奉佛菩薩像是為紀念及起恭敬心用的，而家裏供奉觀音菩薩像後，每日感恩及學習觀音菩薩的慈悲心，感應到觀音菩薩真的是「救苦尋聲無剎不現身」，真的是「於苦惱死厄能為作依怙」，真的是穩穩安了全家人的心。

我深深感受到觀音菩薩不在天上，不在塑像裏，不在佛經裏，不在袈裟裏，是「千處祈求千處應」地在眾生心裏。有如「千山同一月」的「千江有水千江月」的景象。若想江中有月，重要的不是去追尋月亮，而是要江中有水，自然就會江中映月，而「水」是什麼？我想應就是念念祈請觀音菩薩身影映在心中，人就會受到保佑，好比女兒小時候把媽媽身影映在心裏，就會安心等媽媽回家一樣。

「春有百花秋有月，夏有涼風冬有雪，若無閒事掛心頭，便是人間好時節。」這是南宋慧開禪師寫的詩，因禪意簡單而深刻，對做人處事及安身立命做了很好的開示，也成了學佛者喜愛的詩。深水觀音禪寺不同季節都有花開，月月有月圓，夏有和風冬有清風，我在這裏共修，季季都是好時節，而我對此詩的四季更迭，只能昇華為一種人生心境，猶如生老病死或榮辱得失皆不掛心頭，更是人間最好的時節。

福吉祥寶地

洪文娟（中華民國衛生保健基金會執行長）

跟高雄燕巢深水觀音禪寺的緣分，得要從華梵大學的張壯熙老師談起。因為認識張老師，好奇他那麼認真投入工作的學校，因而關注華梵大學，甚至趕上一〇六年春節前夕華梵大崙山百年瑞雪的難得機緣。

追過雪之後，有一次是董事長悟觀法師的新書《般若與美》在華梵大學辦新書發表會。張老師告訴我，悟觀法師吩咐要多找些新朋友參加，他若沒找到新朋友上山就很難向董事長交代。基於朋友之義也想親炙臉書朋友悟觀法師之風采，當然就跟著上山湊熱鬧。在那個場合看到偌多華梵人對創辦人曉雲法師的憶念緬懷，也旁觀目睹悟觀法師的堅毅親切以及對品質和品味的執著。藉著那次新書發表會的機緣，又認識了幫悟觀法師出書的有鹿文化許悔之社長。

去年（二〇一九）三月，許悔之社長在佛光山美術館展出他的抄經手墨作品，悟觀法師邀請不少各地友人前往捧場，許悔之社長也含蓄力邀出席開幕活動，剛好有朋友便車可以搭載，我們就真的去參加了，而且在開幕活動前特別先到達深水觀音禪寺禮佛、拜訪法師也親近這座未曾謀面的道場。

那次短暫停留深水觀音禪寺的印象，最深刻還是悟觀法師的身影。她穿梭在信眾賓客與華梵大學、樹德科大等校師長中間招呼，連中午放飯都親自打板，完全感受體會到她的用心之深與待人細膩。禪寺三樓通往圓通寶殿中間的黑面觀世音菩薩，既莊嚴又慈祥的和藹面容，讓人不免流連在祂跟前久久不忍離去。為了要上樓禮敬諸佛菩薩，穿過禪寺廚房時，被那五口相連的梅花形狀大灶吸睛震撼，蹲下來看修建銘牌加上張老師補充介紹，得知那是悟觀法師的母親開良法師所設計建造，後來悟觀法師整修過但仍保持燒柴原味。臉書上看到悟觀法師一個人同時鑊五個灶，為的是供禪寺信眾大型活動時用齋之需。對於在都市裏長大的我而言，還真是開了眼界，也真心佩服禪寺開山的開良法師跟悟觀法師。

匆匆拜訪禪寺的經驗印象裏，還有正殿前方那棵似乎是柃樹的大樹，當時落英繽紛地招呼著來客，令人備感歡喜舒暢。整個深水觀音禪寺在開良法師開山之後，到如今悟觀法師的主持之下，可以看到是座一直用心維持得非常整潔明亮的寺院，也因此非常讓人嚮往、樂於親近。維護這樣的清淨道場，得仰賴住持跟常住眾法師與護持信眾的齊心呵護。

雖然我長居台北，也只曾經短短造訪過深水觀音禪寺那麼一次，但是腦中不斷地有著迴響跟共鳴。透過臉書，也能不時跟隨著悟觀法師的訊息法語，加上工作居家與在台北的華梵大學並不遙遠，所以感覺上似乎就那麼自然地跟深水觀音禪寺沒有距離。只要有機會，時間機緣得宜，我都會很樂意隨時再回到深水觀音禪寺的！

到底，我們與佛的距離有多近？

必伍

「於我滅度後，愍眾生故，生於惡世，廣演此經。若是善男子、善女人，我滅度後，能竊為一人說法華經、乃至一句，當知是人、則如來使，如來所遣、行如來事。」（《妙法蓮華經法師品第十》）

昨天感謝悟觀師父的邀請，感謝能與柯永輝與曹文娟老師一同到華梵大學參加「曉雲禪心話普茶——紀念華梵大學創辦人曉雲導師禪寂十六週年」與悟觀法師《法華經者的話》新書發表會。我在這場法會中領略到真理的可貴，與歷代宗師傳承中，百千萬劫難遭遇的難得珍貴，與生命休戚與共的使命感！

與大家分享我昨天在華梵大學圖資五樓的川堂裏，感受到的那份甘露滋華萬物的美妙清涼，一如昨天午後大崙山上突然下起的小雨，每一滴都清澈，映照，淨如明鏡。

發表會上，許悔之老師妙語如珠：「在如夢幻泡影的世間，我與師相遇。所以我稱悟觀師父為『幻師』，稱自己為『幻人』……我從抄經養心過程中，發現了一個『煩惱的自己』，原來『自己』可以從一個抄經的凡人，證得了『解脫煩惱』的人。」

悟觀師父師承曉雲大師天台宗的大崗山義永法脈（臨濟宗），以深厚微妙的佛學底蘊，融合了文學與藝術，將自己四十年深細探究《法華經》的心法，無私地與世人分享。

師父透過日常生活環境中，恆常保有一顆悲愍眾生的心，在所見所聞所觸的一草一木一沙一塵一土中，發現自己的心產生了「覺的觸動」，因此，探索挖掘出連自己都不知道深藏於內在的靈性能力，持之以恆，日積月累，終於發展出屬於她自己生活中的「禪心美學」。原來每個人的心裏都藏著一份寶貴稀有的「覺的禮物」，與生俱來，正等著我們自己去發覺。

以下是聽悟觀師父開示，我整理的筆記內容：

有靈性的人必須透過一個機緣，去觸發自己內在本有的感知與感動。

一個人生命思想的底蘊，就是串聯生命的思想核心。那如何幫助他人也能夠觸動而發覺生命思想的核心？透過文字與影像，但這樣的展現需要在佛法中浸泡與淬鍊，才能淘出具備佛法底蘊的文字與影像。

我們與萬物之間，透過自己的觸動而發現相生相安的生命情感的聯結。人會因六根攝受後產生所有好與壞的感覺直接掉入八識田中。

佛法，就是讓我們懂得覺，而能分辨識所帶來的觸動，明白懂得取捨或捨棄，不讓惡因落入八識而生出煩惱。這種覺而觸動的覺受覺知，就是佛法給我們的利益，但怎麼去形容觸動這種發現覺知的機緣呢？只能說像佛陀所說的「不可說 不可議」，各自體會。

蓮出汙泥、花開蓮現、花落果現，是《法華經》所說成佛的三個階段與方法，方法有了，但還沒有達到，要靠自己實證實修去成佛道。

留華固法，讓我們明白所有佛法論述的書與內容再好再美，仍需要回到經典本身為基準。書，都有讀者門檻。畢竟，成佛的路徑都在經典上，但讓自己啟程的因緣與動機，因人而異，但最終必將是殊途同歸。

我另一個家

陳雨薇

深水觀音禪寺就像是我另一個家，記憶裏總有風鈴叮噹作響，薰風輕柔吹拂，還有師父慈祥的笑顏和溫暖的話語。

當時還是大學生的我，帶著自由散漫的心情，參加了第一屆佛學營。結訓前悟觀師父在大殿前和學員們說話，我靜靜坐著，或許心早已飛回在市區的家，但突然間，聽到師父的話語裏提到我的名字，她的眼神來到我身上，看著我說了一句話。在毫無預警之間，我突然覺得被看透，心裏暗自驚慌，卻又感受到一種被人理解的暖意。我將那份暖意始終放在心裏，因為那對我來說好像有種奇妙的勇氣。

我和當初參加佛學營的朋友們，現在都已脫離學生身分進入職場。工作與生活瑣事，有時候讓人累得臉上掛不住笑容。這時我就會想起師父曾說過我笑起來好看，所以我希望自己無論如何，要開朗自信，微笑迎接挑戰。

哎，說著說著，我好像又想家了。

想見見她，牽牽她的手，和她說說話。

人生到底是什麼？

徐力立

有人說人生就是戲，充滿了喜怒哀樂。也有人說人生就是不停地戰鬥，難免會經過許多挫折和打擊。更有人說人生就是不斷地後悔，因為有了後悔才會記取教訓。最多的人說人生就像搭乘一列單程票的火車，下車就此別過也就別了。以往我喜歡「人生如夢」這個語詞，其意當然不是指所謂的人生有夢要築夢踏實之類的說法，我的意念是蘇東坡所寫〈念奴嬌‧赤壁懷古〉裏的「故國神遊，多情應笑我，早生華髮，人生如夢，一尊還酹江月」這種豪情氣魄。總之，人生無解，到頭來人生開脫的方式，就是交給大自然吧！心裏總有這種每人各有命運且控制不得的想法。

直到我漸次接觸了「深水觀音禪寺」的佛法，我也才漸次地對人生有了更新的轉念，人人可因著對佛菩薩的信念依緣行善，則皆可達命可造、運可轉的境界。

說起與深水觀音禪寺的相遇，起於二〇一三年尾，當時我還是禪寺歲末感恩善法因緣「禪茶山中飲」的一名來客，二〇一四年開始是深水觀音禪寺的志工，聽錄音機整理悟觀師父的文字。我從過客變成歸家人，深深體會出一個道理，從「因」開始，若不藉著「緣」，又如何能成就「果」呢？接著我開始在深水觀音禪寺每月共修接觸佛經，每當念誦到課本內的這句話「是日已過，命亦隨滅，如少水魚，斯有何樂？」心頭往往一陣清明，是的！人生無常實恆常，世事難料，心安就是歸處。提到心安，誦《普門品》就是我的解方，問世間還有什麼災難能勝過此經裏所說的特大災難呢？「念彼觀音力」猶如一顆大寶石，護我「時悉不敢害」！悟觀師父常說：「心念不空過能滅諸有苦。」是啊！讀誦普門品使我「心念不空過」！讓我「能滅諸有苦」！眾部佛經中，深覺讀誦《普門品》就是成就我與佛菩薩之間深厚信念的一段因緣。

對我這個初步學佛者而言，是因佛而信還是因信而佛，並非重點，我只有一種情懷，就是念佛、拜佛已是我的日常，若我先生適值多事煩擾，我就在家中佛堂觀音菩薩像前連連燃香，祈求煩事隨煙裊裊上升交予菩薩來安頓其心；若女兒因事晚歸，我就在觀音菩薩像前多多點燈更加照亮空間，祈求女兒在開車回家的路上光明廣照平安而歸。我想我對觀音菩薩有這種「折射式」的念念相續之法，應也算是觀音菩薩讓我感應得到的「妙法因緣」吧！當然在我的人生路上，我也感謝曾絆倒我的人，我更感恩扶過我的人，因為這種種因緣無論好或壞，都是一來讓我解冤釋結，二來也讓我隨心滿願，我豈能不去珍惜它們呢？

我的一生已行至後段，人生感懷起伏至此，深信人生不是戲、不是戰鬥、不是後悔、不是坐火車、不是夢，更不是無解，人生到底是什麼？我個人的解讀，人生就是在一段段的因緣組合中不斷修行，生命就是在一呼一吸之間，所以人生要自覺，要像師父說的「歷境驗心」。一段長時間幫忙整理住持悟觀法師上課的內容，讓我更要堅定學佛，要往生淨土，要永脫輪迴。

深水觀音禪寺住持悟觀法師德澤高亮，致力佛學教育與慈善文化事業，我常深受感召而自慚形穢，我有幸在深水觀音禪寺中薰修，實乃我宿世因緣，無限感恩。

今年悟觀法師生日時所寫所吟唱的憨山老人山居一首詩，這是我很嚮往的心境，一起分享：

萬峰深處獨跏趺，歷歷虛明一念孤；

身似寒空挂明月，唯餘清影落江湖。

在禪寺共修時，記憶裏住持悟觀法師說過一句話：「人只要有呼吸就會有辦法。」這看似平淡的一句話卻時時加強了我對自己的信念，所以當別人不給我希望時，我就在佛菩薩像前點一盞燈，祈求佛菩薩賜給我光明與智慧，信佛讓我不會無力，信佛讓我不會孤單，信佛只會讓我做事更有信心。

妙法如華生活營的啓發

郭恆佑

聽聞深水觀音禪寺住持、華梵大學董事長悟觀師父即將又有新書發表，弟子內心甚是歡喜，於夜闌人靜，感念與師父和諸佛菩薩的緣起……。

對一名熱衷於參加校內外活動的大學生來說，深水觀音禪寺的生活營或許只是一次偶然的萍水相逢，但期間內獲得的啟發或是增長的智慧，至今仍猶如暮鼓晨鐘，時時謹記在心。感恩陪伴我們坐在大殿前階梯，溫暖關懷我們的生活營導師悟觀師父，總是用淺顯易懂的話語取代微言大義的經文與生活威儀，在各學員之間種下菩提心。回想起禪寺「妙法如華生活營」五日的點滴生活，無一不是簡單純樸且愉悅的回憶。

或許人各有命，落入凡塵的俗家子弟注定得要歷經磨練、度過難關，才有辦法悟得大智慧。但諷刺的是，多數人在這段過程當中，將原本單純的「歡喜心」三字詮釋得複雜無比，結果反而離大智慧愈行愈遠。

如今我已從研究所畢業且從事科技業工作，然而在充滿壓力與鬥爭的修羅場總能深刻體悟人文的重要。少了人文，看似充沛的物質生活只是包裹著糖衣的毒藥；少了人文，看似功成名就的聲望與地位，只是一襲爬滿蝨蟲的華袍。當褪去一切外在的繽紛，心中僅存的只有空虛。

而悟觀師父在生活營灌輸給我們的佛法，即是人文的結晶，在我自己的見解與體悟下，自身對於佛法的理解與修養只為求個內心安定，安定則無欲，無欲則知足，知足就能歡喜，此一近乎野人獻曝的理解雖淺薄，但對身為世俗子弟的我來說已受用無窮。感恩深水觀音禪寺的住持悟觀師父、師兄、師姊們。期望我們都能將佛法實踐在每天的生活中。

香風吹萎華，更雨新好者

柯永輝

與深水觀音禪寺的緣分，是因人而來，因緣到了，就如電影《一代宗師》台詞「世間所有的相遇，都是一種久別重逢」，相見如老友般自然。

十六年前，我擔任《聯合報》台中縣召集人，主跑縣府，華梵大學學務長張壯熙時任台中縣副縣長，心懷服務眾人、以政治為志業的他，坦率不做作，敢言敢做，副縣長室成了我每天必訪之處，我與熙哥也常隔著如小山般的公文，對談縣政、聊聊理想。

台中縣、市合併後，我倆各奔南北，雖未常見面，但每年歲末，我都固定送他一本報社的工作日誌，並透過臉書互通聲息。

另一個因緣來自太太文娟，多才多藝的她從教職退休後，逐漸親近佛法，並透過朋友必伍在臉書上結識悟觀法師，被法師的文字與攝影感動，我也成為法師的臉友。

歲月「如露亦如電」，去年間，我調任《聯合報》新北、基隆、金門、馬祖區的特派員，華梵、熙哥、董事長悟觀法師、文娟，因緣具足聚在華梵大學，也對深水觀音禪寺更生親近之心。

農曆年後，深水觀音禪寺連續舉行二十一天的華嚴法會，農曆元月二十一日這一天，適逢休假，文娟問我是否前往，我們就從台中驅車高雄。車行經雲林，左側山巔天際祥雲如臥佛相隨，到了深水觀音禪寺，知是華嚴法會圓滿午供之際，更添歡喜。

「山不在高，有仙則名，水不在深，有龍則靈」，禪寺莊嚴，布局有巧思，有別於大道場的靈秀，迴廊的法華經變圖是悟觀法師與宓雄老師共同合作完成初稿，是弘法也是藝術，朗朗青天下，道存焉。

午膳，尋常齋菜有不尋常的美味，素粽是志工一手一手、一串一串把感情包入，在地鮮食，更讓人體悟到禪寺與土地、人的親近，這是如來，無所從來、亦無所去。

餐後，與文娟信步後山小徑，入眼滿地松針，腦中浮現出法師牽著弟弟的情景，開良長老、悟觀法師、弟弟，法脈相承，這是「道之道」。

午後，隨法師持誦《妙法蓮華經觀世音菩薩普門品》，這是我常誦的一部經典，跟著法師帶領唱誦跪拜，「我為汝略說、聞名及見身、心念不空過、能滅諸有苦」，在眾人願力和感恩觀世音菩薩的大悲下，無以言說的感動，法喜充滿。

回程，車行將上交流道，祥雲又至，以數公里縱深演示，「北冥有魚，其名為鯤。鯤之大，不知其幾千里也。化而為鳥，其名為鵬。鵬之背，不知其幾千里也；怒而飛，其翼若垂天之雲」，莊子《逍遙遊》差可比擬。

「香風吹萎華、更雨新好者」，董事長悟觀法師的著作《法華經者的話》，以《法華經》如是說的句子做為序言，這也是佛菩薩的慈悲，「新好」、「心好」，走一遭深水觀音禪寺，祈願大家都好。

佛法、建築、空間於我的不可說義

龍環賢

回憶連續兩年參加的「妙法如華生活營」，每每想起依舊是許多的感動，當然更多的是感謝感恩。想跟住持悟觀師父說：感謝師父開啟了此番因緣，環賢感恩合十。

即使每個人都是獨立的孤島，也有著守望的彼岸，向陽而生，讓善意無限生長，禪寺的大專生活營便是我求學時代滲進我心房的斜陽，曖曖含光領我入徑。

生活營的自我洗滌體驗，在人生初次放下我執，迎增上緣，進而向禪更進一步學習，應運而生的思惟，在往後執業建築師的過程中，許多感應妙不可言。

在真實的建築空間中首重的關聯性凝聚力，談的是環境與建築，再從建築到室內，最終乃至室內與人的互動，層層地包裹向內探索，而又需要疊疊地向外思考。

不斷地宏觀、微觀地來回穿梭，相應大三千世界穿梭，須彌芥子皆為念想，每每迷惘無法自拔時，便念想悟觀師父在生活營裏種種的啟發：學習持以本心，明心見性。

感念觀師父當年的慈悲教導，期許有朝一日能以自身所長，為師父、為眾生服務。

極海求真，圓緣之圓

曹文娟

初謁深水觀音禪寺，是在二〇一九年春，受華梵大學悟觀法師邀約與法師及華梵三十幾位老師，參觀詩人許悔之「以此筆墨法供養」手墨展覽後，載著小妹、好友必伍前往禪寺禮佛、謁見住持悟觀法師。

那一日，人潮洶湧、來去匆匆。心中直盤桓開幕式上華梵大學董事長悟觀法師說藝術家和僧家的生命本質——有一鮮活自在的心氣穩定，護持於內中，態度沉默，不易為任何環境狀態，所能左右，而有得失之感。

車抵禪寺，夕陽下人聲漸歇，唯餘法師、李蕭錕、曾議漢老師等人同席。不知是昨日的雨讓高雄清涼，抑或靈山有佛心自安然，我們喝了孫老師帶來量少質精的日本玉露茶。黏稠帶苔蘚鮮甜味的玉露茶以滴計，座上李蕭錕老師因此戲稱大夥兒喝的是——寒酸茶。

一口抹茶入心，夕陽已西下，初次造訪的深水觀音禪寺竟然只在席間吃吃喝喝。好友熙哥笑問：「有沒有去參拜禪寺裏的黑觀音菩薩啊？」我竟呀然不知所以，於是我想，遺憾是為了造就下一次因緣具足。

果不其然！十一月深秋，帶著大妹二謁深水觀音禪寺，出席法師著作《法華經者的話》新書發表會。

二度造訪的深水觀音禪寺是一場殊勝法會，眾星雲集。惦記著前次的遺憾，在二樓黑觀音菩薩前駐足凝視久久不能移。菩薩慈悲，一雙慈眼視眾生，忽然想起每每在悟觀法師文字中所見「歸家」的字眼，慨然而不能言語。而精心規畫的茶席竟然用「菩薩的眼淚」當起點，滴滴入心，茶師的用心涓滴不漏。今年在華梵大學舉辦華梵大學創辦人曉雲導師圓寂十五週年暨《法華經者的話》新書發表會，悟觀法師提起導師曉雲法師，哽咽依然，說一九七三年初見曉雲法師所發的大願。

有一天，就要像導師她老人家，那是一個心中認定的人格典範，讓華梵大學董事長悟觀法師心心念念、終成一念。

十一月十日當日的喜悅更是處處驚豔、時時感動。兩位同齡的法師（悟觀法師與拾得法師）相知相惜。拾得法師自埔里來，說當年見曉雲法師車上閉眼禪定，感受到一個有依定的大丈夫在眼前，當下決定回去也要禪修，從此開始禪坐。

腦海中浮現當天茶會的第一支香，為悟觀法師穿雲梵唄音聲所震撼！那個震撼非禪修者不能為，是呀，非禪修不能為！茶會前的畫扇，因緣具足被法師指派充當拾得法師幾分鐘書僮，為法師拆除扇子外包裝。拾得法師凝神片刻，細細畫來禪意一扇，對著悟觀法師笑問：「屋內屋外，如何如何。」

悟觀法師答：「如是，如是！」

如是，如是。如是笑談接著午後的豐碩茶會。白觀音、紅觀音到百年古樹茶由淡入濃，茶師的巧思如列席學者分享的珠璣言語，寸寸開啟一場又一場內心的對話幾度翻騰。第一次參與的大妹更在一杯古樹茶後低眉說：「有些事，我已經找到答案了。」於是我們拜別法師、踩著高雄的夕陽和後車廂十套法師《法華經者的話》著作，依著佛菩薩所示，在短短五天中一套、一套送到有緣人的手上同沾法喜。

回家前，華梵大學結識的蔡師姊與我分享她多年護持禪寺法會的感應和心得——不能說、無法說，唯有等你親自再來禪寺參加法會做體驗。當下尋思這一天的身心飽滿，見到熙哥口中的「黑觀音菩薩」，卻多了「不能說、無法說」的遺憾，也許正是三度造訪禪寺的機緣所在吧。

春節前某日忽得一夢，夢中有跳加官般一個卷軸在面前展開，「極海求真」四個大字映入眼簾，心裏清楚是夢境，右手卻在空中擘劃以毛筆書寫的筆畫和布局，希望將這四個字寫成作品，未幾夢醒有殘念。不日便接到蔡師姊訊息，告知禪寺例行春節二十一天《華嚴經》法會日課表。

農曆春節《華嚴經》法會在深水觀音禪寺行之有年，一直是悟觀法師年度修行的大事。我看著日程表，深知農曆春節是一年中最需要滿足世俗禮節的節慶，數著、數著日子竟也來到正月二十法會圓滿前一天。外子自台北休假回來，隨口問他：「明天禪寺法會圓滿，我們去走走。」老爺說：「都可以，都可以！」這是一個沒有拒絕、其實應允的答覆，多年相處對老爺的回應早能了然於胸。如蔡師姊言，當決意赴禪寺護持，諸佛菩薩總會撥開障礙讓交通順暢。我的車行二高如風，左側山巔天際有祥雲如臥佛相隨，但高速行駛中無法拍攝，權充是老爺和我獨享的福分竊喜。

午膳後閒步到後山，好一片青松綠樹好園地，腳下每一步都有松針、軟泥和硬石，在奇妙的生命步道中央，遇見盛開蒲公英一株，外子說這個步道好像在臉書文章中常見法師散步經行。出了步道，宏音師父推薦下樓謁見法華經變圖，順道走訪蓮池海會。這個推薦，又領略了深水觀音禪寺妙處精微無可說，牆面上的法華經變圖揭示經文各品精要，伴著迴廊中慈眉善目諸佛照護，每一步，都是喜悅。

午後隨悟觀法師們持誦《妙法蓮華經觀世音菩薩普門品》，這是我自認常誦也熟悉的一部經典，跟著法師帶領唱誦跪拜，無以言說的感動、法喜充滿妙不可言！回程，法師以大悲水相贈，回彰化與父母、兄弟姊妹結緣，二老的笑容止不住，再三叮嚀要向法師致謝、感恩。此一日台中、高雄來回，中間穿插彰化的喜悅相聚，再迴視法會後上高速公路前的祥雲滿天。

是福分，是因緣！

我想起夢中卷軸「極海求真」，好友必伍認為夢境揭示我在書法的用心是為正道、持續精進便可。三謁禪寺歸來，我竊想：極乃窮致、海為深水，短短一年有緣三度造訪深水觀音禪寺，還誤闖法師所言五葉松祕境，一次又一次窮究深入觀音禪寺祕境所在，若非因緣具足、何以言說？

最喜歡的季節

胡書瑜

我在台北遇見的人大都喜歡冬天，只因冬陽溫度得宜，沒有驟然的暴雨，可以精緻堆疊華美的冬衣，可以享受熱咖啡不汗流浹背。所以，我也不好意思說，其實啊其實，我最喜歡夏天，總是附和著說說我也喜歡冬天耶，吃麻辣鍋最棒了，下次一起去吃。

十八歲那年夏天的暑假，第一次踏進深水觀音禪寺參加「妙法如華生活營」。那時候心性未定、叛逆火爆，大人說什麼都不想聽，覺得全世界都辜負我，大人講話都是在騙我，我是荒野一匹狼，簡直中二到極致。對於禪寺這種地方，預期有點格格不入，畢竟我討厭說教，百般設想這該是充滿道義填塞的痛苦一週。

不過有點意外的，那時候只覺得在寺裏，吃飯喝水都那麼靜謐，每聲缽響罄擊風鈴搖，每個腳步都不自覺輕巧緩慢，夜裏我們抱膝看著偶戲光影錯落，蒲團間詠誦聲和蟲鳴混雜南風颯颯，我第一次感覺靈魂沉澱於此。

接著幾年夏天和暑假，斷斷續續和高中老友廝混在禪寺，說是廝混，是因對於佛法教義仍無法參透，只得每年每年從字裏行間中，偶然對於其中經文恍然，對照逐漸逝去的青春年華，自我感覺不只只是馬齒徒增。

這幾年，我從高中考大學的廢物米蟲學生，一路上了大學，又出了社會。從高雄搬到了台中，考過了律師考試，通過了實習，又輾轉從台中搬到了中和。換了幾次工作，住進板橋後又落腳信義區，談過幾次戀愛，傷過幾次心，徒然流過幾次淚，說過幾句傷人的話，不再斤斤計較吃飯十塊五塊，對陌生人不再板著臉孔，學會機巧地擦邊球式裝懂稱讚加捧場，不再以生氣逃避錯誤和指責，必須靜心思考怎麼樣才能解決問題，不再哭哭啼啼地展現懦弱，要保護的人事物太多，忙碌得沒有時間畏懼。

每天我走在台北街頭，特別是在冬雨綿綿酷寒沁骨還得趕上班、趕開庭的日常，在我無法理解為什麼大家都喜歡冬天的時候，在我心頭千頭萬緒竄動的時候，我就會無比懷念高雄的夏天，懷念那個無憂無慮，安靜得只有藝術相伴的「深水觀音禪寺」

的夏天。久遠的像是幾世紀以前的青澀，又近得彷如仍然能感覺到赤腳走過禪寺廊道冰涼透身。

前些年又回到禪寺參加了「人文藝術生活營」，驚喜於許多只有在架上書冊中看過的大師雲集，暫時拋棄世俗種種惱瑣事，全心全意浸淫在文學佛學之中。清晨站在二樓的教室外面，白茫茫的山間樹林，仍稍帶有寒意，氤氳繚繞霧氣裊裊。那天悟觀師父，如師如慈母握著我與雨薇的手，告訴我們說，我們是她的寶貝，禪寺永遠歡迎我們回來。剎那間覺得什麼麻辣鍋、什麼心酸、什麼難以啟齒的煩惱都不重要了，無比溫柔如潮水般的撫慰，告訴我不管無論心中多少罣礙，在外面遇到多少蠻橫，在深水觀音禪寺這裏我的靈魂永遠可以安穩地歇會喘息，休息夠了準備好了，帶著祝福和勇氣，再出發面對未知的迷茫。

我最喜歡的季節是夏天，所有好事，都發生在夏天；所有無私的愛，都在夏天開展蔓延。而在禪寺的每一個夏天的妙法如華生活營，我都小心翼翼地折疊存放，在外面一個人的時候，難過的時候，不知所措的時候，我都會想起那聲——師父說的「寶貝」。

教師節前夕

劉幼嫻

教師節前夕，在深水觀音禪寺與師父話家常

師父說，臉書上看到有個學生在議漢那兒留言，只說「老師老師」，其餘沒多講什麼。師父覺得這個舉動很可愛。原來，學生對老師的綿長感謝已在回大陸前表達，如今從對岸翻牆路過，好像也只需要簡單打聲招呼，就足以心領神會。

說到了學生，大夥想講的話可多了，你一言我一句搶著對師父說，大家都想把自己「足甘心」的經驗分（ㄒㄩㄢˋ）享（ㄧㄠˋ）出來。

院長提到某次上課探討主題是「人有沒有靈魂」，引發同學的高度興趣，直到下課都還欲罷不能，圍在講桌不讓他走，足足又問了三十分鐘的問題。

妙容及永義教官則描繪了那些禮貌問候、認真學習、對老師念念不忘、滿心感謝的學生。

我正思量著自己該講那幾個把五一勞動節當教師節的畢業學生呢？還是說說前幾日「配合演出」對我拍手叫好兼吹口哨的電通系學生（只為滿足我的虛榮心）？

想著想著，突然覺得眼前的畫面，像極了電視裏那群不斷向小燕姊舉手喊「選我選我」的小朋友，對於「是否是好老師」這道題目，我們各自努力找出引以為傲的有力事證，要向觀師父證明。在高教環境艱困的一〇五少子化元年，我很珍惜同事們在乎的仍是能否在學生心中留下尊敬與回憶，而不是其他。我覺得啊，我有一群很可愛的同事耶！

呃……，所以，可愛的學生背後，也總有一群可愛的老師。教師節快樂！！

後記：感謝觀師父聽我們說了一堆俗事，從天光講到暗暝，我們也纏著師父講到欲罷不能，叨擾了師父作晚課的時間。下回得定時定量，絕不能累積了三個月才來，不然可能講到半夜都講不完。

出家感恩心

釋宏音

我此生能出家學佛，要感恩深水觀音禪寺開山祖師的慈悲師公無我的貢獻。師公買山建寺，為了就是讓更多的人來學佛修行。師公常說：建寺辛苦，但是看到有緣人來禪寺，生歡喜心而忘卻煩惱，就有功德。

師公說：一樣米養百樣人，一枝草一點露，遇到困難不用失志，跨過去就是我們的，人世間你再怎麼買怎麼穿，永遠少一樣少一件。

我們師公開示的法語裏讓我最深刻的話是「執著心不安，疑成怪，迷信迷迷不悟」，以及小朋友都會背的「衛生、規矩、禮貌要有」……都常常在我心中懷念，在我耳邊縈繞。

師公從一日吃一餐建寺監工，為了建設經費辛苦湊錢，到禪寺現在完成的樣貌，點點滴滴，只有她老人家體悟在心裏，我們說的都不如她老人家親身體驗的深刻感人。

我們禪寺黑觀音菩薩的靈感，師公持大悲咒的靈驗，以及師公無私的大悲心，信、願、行，才能行此「弘願深如海」，完成如此莊嚴道場「深水觀音禪寺」。

早晚每當從圓通寶殿前往蓮池海會的地方，一望甚是感動讚嘆，清風徐徐拂面而來真的是清涼地。師公不識字，但寺院的建築樣貌都是自己設計，包括室內建築的設計以及圓通寶殿裝潢配色等等。師公常說，設計圖就在她的八識田中，因為過去世蓋過很多寺院了。師公的精神確實是一般人所想像不到的生命力。

更感恩我們師父悟觀師父學以致用，以師父稟賦的慈悲智慧，延續了我們師公的志業，以及華梵大學創辦人曉雲導師般若禪行者的道路，讓禪寺常住眾們能安住修行，讓華梵大學在少子化以及今年的疫情裏，還能平順地辦學。

感恩再感恩！師公及師父和賢師父的教導，雖然沒有修行得像三位長者的功德力，但是有三位善知識的教導並引導修行方向，這一生能出家修行，真的只有「感恩」心好好修行來報答。也感謝發心護持禪寺的護法們的擁護，讓佛法得以延續，「深水觀音禪寺」是我們生生世世延續慧命的家。

這篇文章其實很早就寫好了，師父為了盡快能將文稿給出版社有鹿文化，我們師父叫董事會的助理陳德旺教官來協助我和淑美整理早期的一些照片。我們突然猛然驚覺，我們不識字的開山祖師師公，一直是熱心支持社會公益、文化、護持教育事業工作。尤其我們看到一張師公跟隨淨心長老勞軍的照片很感動，軍人退役的陳德旺師兄尤其如此，回想師公早期一邊建寺一邊護持佛教界的工作，這種奉獻精神是非令人感動無比，師公是一位那麼有活力熱心護持佛教事業的慈悲長者。

我們師公經常把自己親身的經歷，拿來教化我們深水觀音禪寺的信徒，常常可以聽到師公開示我們該如何惜福惜緣。師公說，生長在重男輕女的時代，不但沒有受教育的機會，還要外出工作養活一家人供給弟妹讀書，在躲空襲的苦難日子裏，肩挑負販出售肥皂、雜貨、衣物，如今還歷歷在目。師公說，忍飢奈渴節衣縮食，只為給需要幫助的人最大的幫助。

感恩此生能出家學佛，在深水觀音禪寺。

記憶裏的開山祖師

釋宏學

「天將降大任於斯人也，必先苦其心志，餓其體膚，勞其筋骨，空乏其身。」孟子的這幾句話，是我們師公開山「深水觀音禪寺」一生最貼切的寫照。

我住在常住一直無法了知，師公四十二歲的時候，發菩提心為了我們師父悟觀法師去曉雲導師的蓮華學佛園那裏讀書，以及讓有緣的出家人能有一個好山好水的道場修行，安養慧命，而發心建寺。能在荒野當中矗立一座宏偉莊嚴清淨道場，怎不令人讚嘆恭敬！聽我們師父深入描述師公建寺時，所承受的種種艱辛痛苦，師父說師公如果沒有具備了菩薩心、堅毅不拔的耐心、道心、長遠心，以及對諸佛菩薩的敬信心，是不可能成就這個弘願深如海的如來家事業。

師公上人一生以建寺、教育為己任，師公上人很高興看到出家人能持戒用功修行，所以建寺時歷盡千辛萬苦（從無到有）也不以為辛苦。當時經濟困窘無法請設計師，自己充當設計師、地理師、建築師，一磚一瓦，胼手胝足，披荊斬棘篳路藍縷，歷經三十年才有今日規模。艱苦怎是我輩筆墨所能形容，拙筆也不能道盡萬分之一的功德力。

師公上人非常有遠見，道場硬體設備有了，必須培養僧才以後管理住持經營道場，不惜道場欠缺人手，還護送我們師父悟觀法師向曉雲導師學習，並出國去日本大正大學深造博士學位，為了能續佛慧命。

師公上人性喜濟貧、樂善、布施，開闊豁達，誠如《藥師經》上所云：「先以上妙飲食飽足其身，後以法味，畢竟安樂。」（財施、法施），自己卻非常節儉，常開玩笑，現代人什麼洗髮精、沐浴乳日常用品，瓶瓶罐罐，可是我們師公只一瓶就能洗臉、洗頭、洗身，一次搞定，由此可見老人家的惜福。一生偉大之事蹟不勝枚舉，只能略述一二。

師公上人非常謙虛，《法華經》言：「外現是聲聞，內秘菩薩行。」而且早在圓寂

深水觀音禪寺監院性賢法師於觀音七時帶領宏音、宏學師與大家共修
（1990）

二年前即預知時至，而且發願乘願再來，示現無常時，更是瀟灑自在，可見修持之工夫到家，身教言教可為晚輩的典範。頓失依怙，爾今爾後，只能以師公上人大智大悲精神常相左右，願師公上人迴入娑婆度有情，弟子謹恭為頂禮讚頌之！

我們的師公菩薩

李見美

為什麼我的題目是師公菩薩？記憶裏最常聽觀師父提起她讀初中高中時期的師公，因為慈悲、慈善的救濟人，才得以有福報，創建「深水觀音禪寺」不用外出募款，只需在深水觀音禪寺開示，信眾就自動捐款參加建寺功德。

其中一件師父常說的慈悲事跡：有一次她轉搭幾班車到岡山前峰，只為帶著被棄養臥病在床的孤苦老人來觀音堂照顧。師父也常說，師公開山建寺萬般辛勞艱困的日子裏，教育、慈善、文化藝術，師公一直都是用生命來實踐。師公圓寂後我來禪寺安住，更深深體會師公身體力行，體現菩薩利益眾生的心量，在日常生活當中踐行佛法。感恩師公以親身的證悟教導我們「犧牲自己，完成他人」，這也是師公常開示的話。

「大家來喝茶！」這是我還沒有來深水觀音禪常住時，我們一到佛寺入大殿拜完佛後，就會聽到開山住持師公親切地招呼大家圍坐在客堂紅豆杉桌前，一邊聆聽師公慈悲開示，一邊喝著師公法語滋潤的甘露茶。

綜合當家師父性賢法師以及現任住持悟觀師父的轉述，我們才知道師公利益眾生的法力無邊，印證我們師父所說的四弘誓願，無論是學者專家、老師教授、權威醫生、知名律師法官、政府官員、民意代表或是販夫走卒、士農工商各行各業，許許多多的有緣人，在師公隨緣加持應機說法度化下，有的人消災延壽病苦消除，有的人奮發向上脫離貧窮困苦，有的人改變生活態度家庭幸福和樂，有的人建立正確人生觀奉獻社會，有的人心開意解發心學佛。師公的慈悲智慧，讓每個見到師公的人都增添福報，都能走過生命的寒冬，迎向暖陽和風的春天。

如今常住在深水觀音禪寺，每每望著紅豆杉桌前，昔日師公開示的法座，慈悲身影彷彿在眼前依稀，親切開示著吾等眾生。師公耳提面命教導我們三件事：「衛生、規矩、禮貌。」雖是平淡無奇日常性的三件事，說在師公的金口裏卻是寓含佛法深意。

所以我們常常自詡是個有衛生、守規矩、懂禮貌的佛教徒，薰修這三件事久而久之，才發現我們常常沒衛生、沒規矩、沒禮貌而不自知，慚愧啊！今年的疫情就在在驗證了師公的金言玉語，感恩師公用貼切的生活化語言詮釋佛法，讓我們受益無窮。「衛生、規矩、禮貌」不僅是佛教徒重要的三件事，更是為人處事的基本品德。

自幼失學的師公，以平實易懂的白話，深刻感人地講說佛法，以身體力行示現菩薩的行止，「不為自己求安樂，但願眾生得離苦」。

幾次恭聽師公的開示，喝著師公法語滋潤的甘露茶，大家心滿意足歡喜地回去時，師公總會起身相送，常見師公站立在大殿拜亭前的紅柱旁，親切地揮揮手說慢慢開、平安。師公慈悲揮揮手的神情，就像阿彌陀佛垂手接引眾生，讓人感念在心。師公在民國九十六年二月二十二日離開塵俗遠行佛國淨土，但是師公衣袖飄飄揮揮手的慈悲身影，除了深深烙印在每個感恩師公德澤的人心裏，將會隨著歲月流轉，和深水觀音禪寺一樣永垂不朽。

頂禮感恩，在未來不可知的時空裏，師公您乘願再來時，若我們心識未泯，終究會尋訪到您的足跡，再次跟隨您常學佛學，一心護持。可是若我們黯識昏昧沉淪苦海，祈求師公菩薩，慈悲智慧救度救拔我們。

師父說您來生會現男眾身化度有情，套一句師父常說的話，無量壽光福須彌的師公啊！我們恭敬等候著您的駕到……。

大悲功行弘願救世‧憶上開下良長老尼

林克忠

一九九五年五月天的一日下午，我父親在診療空檔告訴母親與我，燕巢「深水觀音禪寺」舉辦法華經祈安植福共修法會，僧俗四眾正禮誦《大乘妙法蓮華經》，要我們赴道場禮拜共修。時仍旅居美國，暑假返台，躬逢其盛，來到深水觀音禪寺共修，讀誦尊經。當時開山住持法師上開下良長老尼忙裏忙外，從容中顯露細心，關照勝會每個細節。

隔年（一九九六）五月結束在美工作，返台定居，兩個月後因外婆的因緣，我們難得與母親娘家人掛單寺裏一週，精進禮拜梁皇寶懺，蒙上會下清法師主法瑜伽焰口法會，圓滿了佛事。當年西曆八月二十七日，開山住持為我等授三皈依五戒，賜法名「心忠」。從此，親近長老尼的機會多了，透過方便開示，認識佛法的精深。

長老尼護持佛教文化教育與社會福利不遺餘力，燕巢深水開山艱辛，蔚為清靜道場。長老尼在俗並不識字，耳聞經藏，功力深厚，談經說法時信手拈來，契機接引有緣眾。長年修持大悲神咒，曾見其以大悲咒水降服魔障。

一九九八年九月隨開山住持參加淨心長老的「中日佛教文化交流聯誼會」訪日團，造訪京都妙心寺等道場，藉此勝緣，得親近精研楞嚴法門的上淨下心長老。

長老尼護持華梵大學創辦人上曉下雲導師的佛教教育工作，得親近導師之善因緣，西曆一九九九年五月八日在「深水觀音禪寺」皈依導師座下，法名「仁忠」。導師一口濃濃的粵語口音，方便談話時言簡意賅，以佛教藝術與文化教育接引各界，境教說法。長老尼開闢深水觀音道場艱辛，導師開闢大崙群峰何嘗不是？難行能行的身教，足堪禮敬。

長老尼俗家女兒上悟下觀法師師承曉雲導師，深研中國佛教思想史，天台教法，我們一家親戚，曾受教於悟觀法師的《法華經》方便品。開山長老尼九十六年圓寂後，法師接下深水觀音道場住持，並在導師九十三年禪寂後的第八週年承擔華梵

林克忠醫師與開山住持開良法師參加淨心長老的「中日佛教文化交流聯誼會」訪日團，造訪京都各道場（上、中）。林克忠醫師一行人與悟觀法師、性賢法師合影於永明延壽禪師撰述《宗鏡錄》的處所（下）

大學董事長重擔，社會環境急遽變化下主持清修道場與高教學府，難中之難，忙碌中不忘度生，因緣際會中，二〇一三年九月六日在深水觀音禪寺，得法師親授三皈，法名「見忠」。

由一九九六年，到一九九六年，再到二〇一三年，得長老尼、導師，以及法師親授三皈，法緣殊特，作為實修實證度人師的優婆塞弟子，承佛僧加持，沐浴恩光。

二十五年前因父親護持長老尼開演轉讀《法華經》之因緣，得親近佛僧，皈奉正法，「信願念佛、發弘誓願、自行化他、盡未來際永不退轉」，長老尼弘願深如海，今值「深水觀音禪寺四十五週年」寺慶，於佛歡喜日，詠贊佛僧，祈長老尼於常寂光中垂護。感恩因為我父親的因緣，得以親近佛法、親近深水觀音禪寺。感恩再三。父親今年捨報，當願父親以護持三寶勝因，得安養極樂國土，安養慧命。

二〇二〇年九月二日佛歡喜日林克忠敬誌於台大研究室

編後語——不忘初心，方得始終；始終心要

釋悟觀

鍥而不捨的菩薩精神，解開人生之謎，恍然在大海孤舟，有了知津彼岸，今晚做最後潤稿刪修的編輯，何謂香風吹萎華更雨新好者之造福人群，閱讀母親師父的一生，吾了然於心。今日新又日新轉自性法輪。如《法華經》化城喻品之新鮮心境，自然展開無限生機。

編修潤稿一路讀來，回首一九七五年初創時期，母親師父與監院性賢師父，我們都相當有默契，每一件工作的處理，都意味著沉著努力，忍耐柔和善順的過程，不斷向完成目標一步步前進，也深知監院性賢師父協助母親師父創建禪寺是必經種種之歷練艱辛。成就忍耐是一種美德，也完成歷史的體驗，他們所歷歷的忍耐，背後有著一群親近著護法者的支持，而能有已然建寺四十五年慶之功，都是我們最好的修行楷

模。佛教所謂「法輪常轉」，時間之輪是慈悲的也是殘酷的，唯有行人要心中有主宰，首要一念三千之自轉法輪，深水觀音人、緣緣之緣人的責任，薰修點滴，任重道遠！

道無統則散，統無紀則亂，散亂之書寫，親切道理焉依。雖是如此「道」因言語而顯，「理」假借教義以明之。

於《慈意妙大雲》序言，我敘述了這三本書的因緣：《弘願深如海》，輯錄深水觀音禪寺拓土者母親師父開良法師，建寺因緣之感應見聞錄與開示等，以記述開山祖師建寺心路歷程之文，所以書名為《弘願深如海》。

卷頭語與序文，是我概略的闡述，母親師父建寺為教育護僧的理念之文，深水觀音禪寺是一間與有緣者共同成就，之莊嚴道場，其功能也是母親師父建寺初衷，願，但願！有緣人共同成就慧命，於深水觀音禪寺境教施設。

《慈意妙大雲》一書文字，宜與《弘願深如海》所輯諸文共讀，文中所述拓土者開良師父建寺之心路歷程，更能體知出家所為何務的玄微深遠，之深深義。身為方外女的我，安住在觀寂寮、洗心室，於護法韋馱菩薩聖誕日，一氣呵成寫就了卷頭語〈凝心默照・流光如雲〉，母親師父建寺之宗教情操教育理念與過程，亦可供靜讀此二書各輯文字之參考。藉此可觀見母親師父對出家眾期盼之心境，以及與華梵大學創辦人曉雲導師，之深深意的緣緣之緣，之次序。

《弘願深如海》書中，選配母親師父建寺拓土期間之勘察建寺地貌、寺院道場空間規畫等等舊照片（雖不足），及深水觀音禪寺之現貌景照，兩相比觀，建寺拓土者母親師父開良法師於創建之時，與本寺監院性賢法師，他們身心之勞頓。以及善男子善女人們為深水觀音禪寺護持建寺者，之功德無量，江陳喜美、王安順、王廖淑完、謝有志等大功德主實是功不唐捐。

更值得一提者，母親師父一面自己建寺，一面栽培方外女我，於蓮華學佛園親近恩師曉雲導師，之後至日本留學深造，因為此緣緣之緣，母親師父發願自此護持恩師曉雲導師建校辦教育，歷歷示現佛法之不可思議，不可以言宣，於吾人之眼前。

深水觀音人、緣緣之緣人，展讀《般若禪，如來使：心印曉雲導師、開良師父》、《弘願深如海》、《慈意妙大雲》三書，其能無感於深心，而思有所精進為宗教情操，佛教教育之中流砥柱乎！我雖未能於三書盡其心力而編寫，然而也總算出版了。原因是如同我在卷頭語〈凝心默照・流光如雲〉前段中所言的感恩之情。表現了自己對吾師開良祖師心的社會思想，以及恩師曉雲導師般若禪思想，的深刻領會和獨自見解。

〈凝心默照・流光如雲〉之編輯書寫，取舊文以刪修，集諸文以補足，或取記憶中之論著，不復一一注所出者。又我所編輯書寫此書之力用，非為藏典教文，亦非歷境驗心實修者之所可易解，其心法之深邃幽微。它是母親師父深心之慧命的玄玄義，盡呈現在建寺的工程上自處與處人，因為是講錄粗略筆記，經我雖非用心良亦勤的刪修增文，其意直欲薪盡火傳，燈燈相續之冀望矣！心想若真如天台深入法華三昧，則可觀見親見靈山一會儼然未散，歷歷分明一念孤；靜聽心月孤圓，尋味在消息的啟示處；不忘初心，方得始終；始終心要。

吾自是天台一家之眷屬，近幾年又廣之以研心華藏世界，其心中之宗教情操，尤對曉雲恩師及母親師父開良法師培育之敬信恩情，實乃惓惓三致意焉。因之，對此書若有能字字句句，以研心究其義，則精義入神，然後可以知佛菩薩道，之難行能行的可貴。若覺得因為訪錄文淺，而輕心疾讀之，未能靜心，究其所歸，亦無益於學佛人矣！

深水觀音禪寺的這尊太子菩薩像，不難使人聯想開山住持開良法師道心堅固、一心向佛悟道的意象；指向《涅槃經》所說的「常樂我淨」之我，也是人人本有且最尊貴的，意義上與佛性相似。事相上而言，佛陀以一大事因緣降誕於世，是為使眾生轉迷為悟，為眾生開示悟入成佛之道。意味著禪寺是為此而建設的，從董事長悟觀法師的行誼上可以窺見其一二的修行風範。

（蕭百興〈動靜間，但悟空境——記深水觀音禪寺建築吉光片羽二三事〉，節選自《慈意妙大雲：深水觀音禪寺因緣錄》）

隨著造訪的次數漸增，每次總會有不同的體驗和新的發現，參與幾次文教活動後，更加體會拜訪禪寺能讓人感覺光明磊落，充滿正能量。因為寺內每一個空間都有充分的通風與光線，尤其兩年前的「憶念華梵大學創辦人曉雲導師禪寂十四週年古琴音樂茶會」，曾在下午時分，親身體驗夕陽穿透圓通寶殿窗櫺與門扇，在紫檀木地板上映照出金色靈動的光影，襯托著精心布置的大型中華花藝，讓人難忘且驚歎不已！

面對大殿的右方是寺務所、五觀堂和香積廚的所在，二樓前段是董事長悟觀法師專用的洗心室，三樓後方通往圓通寶殿處，安置立有一尊比人還高代表著「慈悲的黑觀音菩薩」，與現安座在華梵大學董事會的另一尊代表「智慧的黑觀音菩薩」，同為藝術家孫超老師的傑作，慈眉善目寶相莊嚴古樸。左翼則是寮房和普陀山國清教育基金會會址與教室活動空間所在。同時容納數百人聚集不成問題，就連大寮香積廚的灶臺也都巧思配合設計了梅花座，增加工作效益。走動在寺中，感覺得出寺內空間是分批逐漸形成，但整體規劃的功能性極強，可以因應活動的特性與需求，在不同的樓層與地點舉辦。

深水觀音禪寺不以聚匯熙來攘往的信眾人潮為重，因而沒有鼎沸的人聲與撲鼻的薰香，但是在南部溫暖氣候中，空靈莊嚴鬧中取靜之外，又多了一份清貴的自在親切感。自開山住持開良法師禪寂之後，由悟觀法師繼任第二代住持，是信眾的信仰中心，更是許多人精神寄託之所在，不僅是鄰近的高師大、高科大、義守大與樹德科大許多老師，都以與悟觀法師結為師友為榮，常來親近；還有全臺各地藝文人士都歡喜來此結緣交流，視禪寺為南部的清涼歇腳處，也參與禪寺舉辦的藝文活動，廣受好評。

（李天任〈善化敬信〉，節選自《慈意妙大雲：深水觀音禪寺因緣錄》）

清風下，人世間，沒有一定法。法師給我的感覺是「法無定法」，這裏沒有解決問題的方法，也沒有人生智慧的鑰匙，來到禪寺，法師也不會有答案給你。就像清風抓不住、也摸不著，雖然我們感知智慧的真實存在，刻意追索，終將離道益遠。

人世間的一切，如夢幻泡影，煩惱、苦厄、歡樂、名利，幻化成一陣風，抓不住也摸不著，想擺脫那自覺真實的虛幻，或許就到禪寺來吧。

清風拂過，相忘在清風裏！

（蔡傳暉〈一個清風吹過的地方〉，節選自《慈意妙大雲：深水觀音禪寺因緣錄》）

節錄我編輯《慈意妙大雲》三處文字，感知一所道場在社會功能之功，猶如天台禪有依定人之修法，有條理的經藏禪，就是般若禪，深水觀音禪寺的文教活動般若禪。境教之意使清淨心明朗，是感受者智慧內明，必然因環境而心境淨化，如水清見底，事理無礙，人際關係順暢。活動中自然進入薰修般的身心鍛練，如禪行之自然。如是之文教活動薰修，進展自「善根發相」，欣喜禪悅，時時習慣淨化，真所謂於文教活動中修得工夫教工夫之法。

青山一坐萬緣休，努力應須與古儔；

散誕襟懷因絕趣，消疏活計為無求。

（永明延壽禪師山居詩）

清山容易入，白業不難修；

獨有降心法，英雄讓一籌。

（憨山老人山居詩）

道場是降心的外處所之親近處；內處所之親近處實是己心中所行門。調順心境，需知心、意、識之體性。深水觀音山中念佛薰修，靜下來端心在鼻端，道場之功足矣。

母親師父，數十年來建寺如一日，於今已然四十五載。師父曾自謙謂：「只要我還有一口氣在，我會克服一切困難，不斷護持佛教文化教育的工作，我不敢說建好了寺院，就是做好如來使的工作，道場需要能善用活用於佛教文化教育工作，我要好好護持辦好教育的人。」我想這就是母親師父施無畏的菩薩精神。

母親師父晝夜辛勞，終生如一日，訪談的文字淺白，最能見母親師父不悔不倦的救世濟世懷抱；而我的卷頭語與序文，能見聞母親師父的宗教情操，及對僧人親切的叮嚀。

本書的一些編排，感謝許悔之社長的協助。編輯書寫或有不周之失，唯望諸讀者，賢者不吝賜教指正，本書與《慈意妙大雲：深水觀音禪寺因緣錄》、《般若禪，如來使：心印曉雲導師、開良師父》同時付梓，祈吾之恩師般若禪，母親師父如來使精神，化為珠璣法典流佈人世間，有緣人共霑法喜法樂，編校未周之處祈願大德四眾讀者賢者諒察，是幸。

不忘初心，方得始終；始終心要。

方外女佛子 釋悟觀謹識於深水觀音禪寺洗心室

歲次庚子年觀世音菩薩成道紀念日暨父親節

弘願深如海
深水觀音禪寺開山祖師開良法師

作者　釋悟觀、徐力立等著
封面治印　釋拾得
內頁攝影　釋悟觀、華梵大學文物館、深水觀音禪寺提供

封面設計　most of hou
責任編輯　林煜幃

董事長　林明燕
副董事長　林良珀
藝術總監　黃寶萍
執行顧問　謝恩仁

社長　許悔之
總編輯　林煜幃
副總經理　李曙辛
主編　施彥如
美術編輯　吳佳璘
企劃編輯　魏于婷

策略顧問　黃惠美・郭旭原・郭思敏・郭孟君
顧問　施昇輝・林子敬・謝恩仁・林志隆
法律顧問　國際通商法律事務所／邵瓊慧律師

出版　有鹿文化事業有限公司
地址　台北市大安區信義路三段106號10樓之4
電話　02-2700-8388
傳真　02-2700-8178
網址　www.uniqueroute.com
電子信箱　service@uniqueroute.com

製版印刷　沐春創意行銷有限公司

總經銷　紅螞蟻圖書有限公司
地址　台北市內湖區舊宗路二段121巷19號
電話　02-2795-3656
傳真　02-2795-4100
網址　www.e-redant.com

國家圖書館出版品預行編目(CIP)資料

弘願深如海：深水觀音禪寺開山祖師開良法師
/釋悟觀著—初版. — 臺北市：有鹿文化，2020.10
面 ; 公分. — (看世界的方法 ; 179)
ISBN：978-986-99530-6-1(平裝)
1. 釋開良　2. 佛教傳記
229.63　109015302

ISBN：978-986-99530-6-1
初版：2020年10月

定價：380元